高次脳機能障害の
ある方と働くための教科書

石井京子／池嶋貫二／林 哲也
小野寺敦志／濱田和秀
宮永和夫／小川慶幸 [著]

JN048388

日本法令

はじめに

　筆者は長年さまざまな障害のある方の就労支援に数多く携わってきました。障害者雇用は法定雇用率の引上げや企業のＣＳＲへの意識の高まりにより、大手企業を中心に進展してきました。最新の報告によればハローワーク窓口での新規登録申込み件数、就職件数ともに、精神障害者が身体障害者をはるかに上回っているのが実情です。一律的な対応の難しさがいわれてきた発達障害に関しても、感覚過敏や各々の特性に対する理解が広がり、積極的に採用しようと考える企業が増えてきました。

　そのような中、高次脳機能障害についての理解はまだ十分とはいえませんが、精神・発達障害への理解が進み、就職件数が増加してきたということは、これから高次脳機能障害についての理解と支援が進む土壌が整ってきているのではないでしょうか。同じ職場で働くすべての方々が障害についての知識を持つことが理想ですが、実際には一緒に働きながら、場面ごとに、困りごとも含め、さまざまな出来事を経験することで、障害の理解を深め、対応方法を考え、お互いに学んでいくことになります。高次脳機能障害のある方の職場適応には十分な時間が必要ですので、周囲の方々が障害を十分に理解し、適切な対応をすることにより、高次脳機能障害の方々の就労の機会が大きく広がることは間違いありません。

　本書は専門医による解説に加えて、高次脳機能障害のある方の就労の場面で起こりうる困りごとの理由と、対応方法、就労支援機関の取組み事例などをわかりやすくご紹介しています。一緒に働く方々が高次脳機能障害のある方のリハビリの状況も含めた就労までの歩みを知り、障害をさらに理解し、支援するための一助となれば幸いです。

著者陣を代表して

石井 京子

第1章 高次脳機能障害とは

第4章　コミュニケーションと雇用管理のポイント

コラム　高次脳機能障害のある方の雇用事例　173

第5章　高次脳機能障害者雇用における Q&A

〈障害特性編〉

〈雇用管理編〉

第6章　高次脳機能障害のある方の就労支援事例

第 1 章

高次脳機能障害とは

（林 哲也）

1 高次脳機能障害への関心の増加

「高次脳機能障害」という言葉をテレビや新聞記事などで目や耳にする機会が、最近になり増えてきました。高次脳機能障害になった方が、仕事や学業だけでなく日常生活のいろいろな場面で困っている様子を報道で目にした方もいるでしょう。頭部外傷による後遺症（高次脳機能障害を含む）を有する方は、死亡者の 100 倍以上にのぼるとも予想されています。しかし、高次脳機能障害とは、どういう状態なのか、その定義・診断基準・症状などを十分に理解していない方も多いと思います。

本章では、最初に高次脳機能障害を知るために必要な脳の構造と機能を説明し、次に高次脳機能障害の定義・症状・検査・治療法などについて解説し、最後に、産業医の立場から高次脳機能障害と就労の関係、高次脳機能障害に関する問題点についてまとめたいと思います。

なお、小児の高次脳機能障害については、小児の年齢区分が法令により異なること、成長・発達途上の小児の医学的な評価が難しいことから、本章で項目としては扱っていません。

2 脳の構造と機能

脳に関する研究は近年目覚ましく進歩し、今までわからなかったことが徐々に解明されてきています。しかし、脳の構造や機能はあまりに複雑なため、すべてが解明されたわけではありません。したがって、ここでは高次脳機能障害を理解し、適切に対応するために必要な最低限の内容を解説します。

人間の体は12〜13の器官系（1つの機能を果たすために複数の器官（＝臓器）が秩序よく働くための集合体）に分けられます。脳はその中の神経系に属し、情報のやり取りを神経（線維）という線を用いて行います。神経系は、中枢神経と末梢神経に分けられますが、脳は中枢神経に属し、全身からの感覚または知覚情報を受け取り、その情報を処理・統合し、全身に指令（興奮／刺激）を出す働きをしています（図表1－1）。

■ 図表1－1

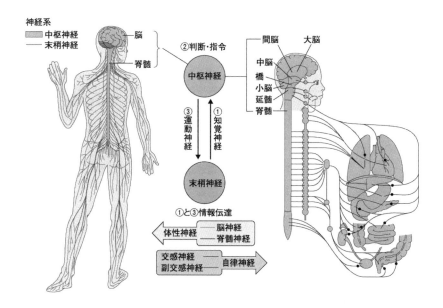

出典：堺章『目でみるからだのメカニズム　第2版』医学書院、p136 より改変

　その機能を担う最小の単位が神経細胞（ニューロン）です。神経細胞は、1つの細胞体と複数の突起から構成されています。突起は複数の樹状突起と1本の軸索突起に分けられ、樹状突起は他の神経細胞から受け取った刺激を（求心性に）細胞体へ伝える働きを、軸索突起は細胞体か

ら軸索突起の末端に向かって（遠心性に）刺激を伝える働きをしています。軸索突起（の末端）から（次の）樹状突起または細胞体へ刺激を伝える部分はシナプスと呼ばれ、両者の間には僅かな隙間が存在し、軸索突起の末端から神経伝達物質が（その）隙間に放出され、その物質が次の樹状突起や細胞体に受け取られることにより情報が伝えられます（脳内の神経伝達物質は脳内ホルモンとも呼ばれます）。基本的に神経細胞の情報の流れは一方向（樹状突起→細胞体→軸索突起）であり、人為的に刺激しない限り反対方向には伝わりません（図表1－2）。

■ 図表1－2

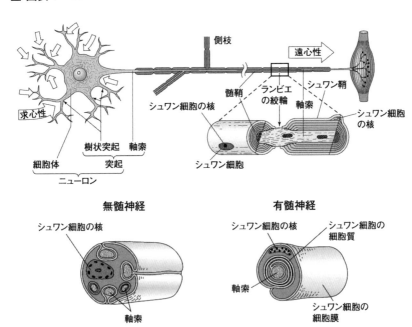

出典：堺章『目でみるからだのメカニズム　第2版』医学書院、p146 より改変

脳の中は神経細胞が均一に存在しているわけではなく、神経細胞の細胞体が多く集まっている灰白質と、主に軸索突起（神経線維）が多く集まり束になっている白質に分けることができます。神経細胞は軸索突起（神経線維）により他の神経細胞と結ばれ情報のやり取りをしています。この結び付きは神経ネットワーク（神経回路）と呼ばれ、脳内には無数のネットワークが張り巡らされており、それにより脳が持つ複雑な機能が可能になっています（神経ネットワークのしくみは情報工学を始めとする科学や技術などに多数応用されています）。ただし、脳内の神経ネットワークがすべて解明されているわけではありません。

　脳は大きく大脳、小脳、間脳、脳幹（中脳、橋、延髄）の４つの部分から構成されています（図表１−１）。いずれも重要な機能を有していますが、人間が植物から動物を経て進化したことを踏まえれば、脳には、植物にもある機能を備えた部分、動物にもある機能を備えた部分、人間で特に発達した機能を備えた部分、があると考えるほうが適切です。脳は内側から外側に向かって発達します（大きくなる）ので、最も内側にある脳幹・間脳が植物的機能、その外側にある小脳、大脳の内部（大脳辺縁系）が動物的機能、大脳の最も外側（新皮質系）が人間で特に発達した機能、を有しています。実際、（人間の）生存に必要な生理的機能は脳幹〜間脳に、個体や種の保存にとって必要な機能は間脳、小脳、大脳辺縁系に、人間らしい認知機能などは新皮質系がコントロールしています（図表１−３）。

■ 図表1−3

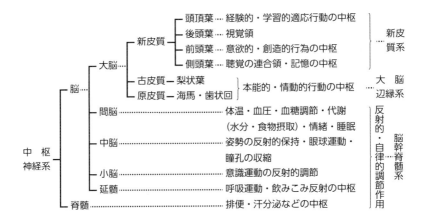

出典：啓林館『新編生物I　改訂版』、http://keirinkan.com/kori/kori_biology/kori_
biology_n1_kaitei/contents/bi-n1/4-bu/4-2-B.files/image025.jpg

　高次脳機能というのは、明確な定義はされていませんが、この人間に
おいて特に発達している極めて人間特有の（人間らしい）機能を指すと
いってよいでしょう（それ以外の機能は、植物機能と動物機能、もしく
は低次脳機能と呼ばれていましたが、昨今そうした言い方はあまりされ
なくなりました）。ただし、高次脳機能が上手く働くためには、それ以
外の脳の機能が正常に働く必要がありますので、高次脳機能は、脳の機
能がすべて結集し統合されて働く機能といってよいでしょう。
　なお、最近は脳内の神経細胞を取り巻くように存在しているグリア細
胞（数種類あることがわかっています）と呼ばれる細胞が、神経細胞と
同等、もしくはそれ以上に重要な役割を果たしていることが明らかにな
りつつあります。詳細は割愛しますが、興味のある方はそれに関する書
籍や論文を参考にしてください。

3 高次脳機能障害の概念 （定義、診断基準、原因疾患など）

　高次脳機能障害は、歴史的に交通事故後の後遺症に対する自賠責保険適用判断（主に嘱託医師が担当）のバラツキを解消するために、行政機関（運輸省（当時）や厚生労働省）が主導して作られた概念（用語）です。現在は後述の診断基準が作られたこともあり、我が国では高次脳機能障害は診断名として位置づけられていますが、医学的には複数の病態（症候、原因傷病、障害状態）が含まれているため、国際的な診断基準（「疾病及び関連保健問題の国際統計分類：International Statistical Classification of Diseases and Related Health Problems」（以下、「ICD」という））に高次脳機能障害という診断名はありません。そのため高次脳機能障害者といっても、症候や障害の程度、診断名もさまざまであり、治療や支援の必要度や方法も異なっています。

　このような経緯と状況を踏まえ、本章では国立障害者リハビリテーションセンターが監修している「高次脳機能障害者支援の手引き（改訂第2版）」（以下、「本手引き」という）を中心に話を進めていきたいと思います。

　本手引き中の診断ガイドラインにおいて、「高次脳機能障害診断基準」は次のように記載されています。

　「高次脳機能障害」という用語は、学術用語としては、脳損傷に起因する認知障害全般を指し、この中にはいわゆる巣症状としての失語・失行・失認のほか記憶障害、注意障害、遂行機能障害、社会的行動障害などが含まれる。一方、平成13年度に開始された高次脳機能障害支援モデル事業において集積された脳損傷者のデータを慎重に分析した結果、記憶

障害、注意障害、遂行機能障害、社会的行動障害などの認知障害を主たる要因として、日常生活及び社会生活への適応に困難を有する一群が存在し、これらについては診断、リハビリテーション、生活支援等の手法が確立しておらず早急な検討が必要なことが明らかとなった。そこでこれらの者への支援対策を推進する観点から、行政的に、この一群が示す認知障害を「高次脳機能障害」と呼び、この障害を有する者を「高次脳機能障害者」と呼ぶことが適当である。その診断基準を以下に定める。

診断基準
Ⅰ．主要症状等
   1．脳の器質的病変の原因となる事故による受傷や疾病の発症の事実が確認されている。
   2．現在、日常生活または社会生活に制約があり、その主たる原因が記憶障害、注意障害、遂行機能障害、社会的行動障害などの認知障害である。
Ⅱ．検査所見
   MRI、CT、脳波などにより認知障害の原因と考えられる脳の器質的病変の存在が確認されているか、あるいは診断書により脳の器質的病変が存在したと確認できる。
Ⅲ．除外項目
   1．脳の器質的病変に基づく認知障害のうち、身体障害として認定可能である症状を有するが上記主要症状（I-2）を欠く者は除外する。
   2．診断にあたり、受傷または発症以前から有する症状と検査所見は除外する。
   3．先天性疾患、周産期における脳損傷、発達障害、進行性疾患を原因とする者は除外する。
Ⅳ．診断
   1．Ⅰ〜Ⅲをすべて満たした場合に高次脳機能障害と診断する。
   2．高次脳機能障害の診断は脳の器質的病変の原因となった外傷や疾病の急性期症状を脱した後において行う。
   3．神経心理学的検査の所見を参考にすることができる。

なお、診断基準のⅠとⅢを満たす一方で、Ⅱの検査所見で脳の器質的病変の存在を明らかにできない症例については、慎重な評価により高次脳機能障害者として診断されることがあり得る。また、この診断基準については、今後の医学・医療の発展を踏まえ、適時、見直しを行うことが適当である。

　また、本手引きではICD‐10（2003年版）に準拠した「疾病、傷害及び死因の統計分類」との関連について、次のように記載されています。

◎高次脳機能障害とICD-10
　（国際疾病分類第10版：ICD-10の精神および行動の障害（F 00- F 99））

・　F 04，F 06，F 07に含まれる疾病を原因疾患にもつ者が高次脳機能障害診断基準の対象となる。
・　この3項目に含まれる疾病をもつ者すべてが支援対象となるわけではないが、他の項目に含まれる疾病は除外される。例：アルツハイマー病（F 00）、パーキンソン病（F 02）
・　原因疾患が外傷性脳損傷、脳血管障害、低酸素脳症、脳炎、脳腫瘍などであり、記憶障害が主体となる病態を呈する症例はF 04に分類され、対象となる。
・　原因疾患が外傷性脳損傷、脳血管障害、低酸素脳症、脳炎、脳腫瘍などであり、健忘が主体でない病態を呈する症例はF 06に分類され、対象となる。注意障害、遂行機能障害だけの症例はF 06に分類される。
・　心的外傷後ストレス障害（PTSD）はF 43に該当し、除外する。
・　外傷性全生活史健忘に代表される機能性健忘はF 40に該当し、除外する。

ICD10 国際疾病分類第 10 版（1992）
＜高次脳機能障害診断基準の対象となるもの＞
　F04 器質性健忘症候群、アルコールその他の精神作用物質によ
　　　らないもの
　F06 脳の損傷及び機能不全並びに身体疾患によるその他の精神
　　　障害
　F07 脳の疾患、損傷及び機能不全による人格及び行動の障害

＜高次脳機能障害診断基準から除外されるもの＞
　F40 恐怖症性不安障害
　F43 重度ストレスへの反応及び適応障害

　これらの診断基準を理解する上で、専門用語の意味や概念を正しく理解することは非常に大切ですので、以下簡単に解説したいと思います。
　ただし、世界保健機関（WHO）において、ICD-10 の第 11 回改訂版である ICD-11 が批准され発表（2018 年 6 月）されていますが、現在日本語への翻訳作業中であり、我が国では未だ用いられていませんので、ICD-11 との対比がどうなるかは本章では触れません。

・器質的とは、ある傷病において明らかな解剖学的（構造上の）変化（病変）が認められることをいいます。例えば、交通事故で頭部外傷を受けた時に頭蓋骨の骨折や外傷性の脳内出血が認められる場合です。これに対となる用語は「非器質的」もしくは「機能的」で、ある傷病において明らかな解剖学的（構造上の）変化（病変）が認められないことをいいます。例えば、片頭痛では CT や MRI などの画像検査を行っても（多くの場合）異常所見は認められませんので、機能性（非器質性）といえます。高次脳機能障害と診断するためには、器質性の傷病であることが必須となりますので、非器質性（もしくは機能性）の傷病で

ある精神疾患（うつ病、パーソナリティ障害など）や特発性て
んかん（症候性てんかんは高次脳機能障害とされ得ます）など
は除外されます。

- 先天性疾患とは、出産する時点で既に発症（もしくは存在）し
ている形態的（または器質的）、機能的、精神的異常を示す疾患
の総称で先天異常ともよばれます（形態的異常は奇形として一
括されています）。染色体の異常、遺伝子の異常、妊娠の成立（着
床）から出産（分娩）までの発生過程における異常により生じ
ます。例えば、ダウン症候群（21番遺伝子のトリソミー）は先
天性疾患で、先天性心奇形などの先天性疾患を高率に合併しま
す。これと対になる用語は後天性で、出生後に起きる傷病（異常）
がすべて該当します。例えば、ヒト免疫不全ウイルス（HIV ウ
イルス）の感染による後天性免疫不全症候群（エイズ）が代表
的です。高次脳機能障害と診断するためには、先天性ではなく
後天性の傷病であることが必須です。なお、現在は医療技術が
進歩し一部の先天性疾患に対して母体の子宮内で内科的もしく
は外科的な治療が胎児に対しできるようになりました。
- 周産期における脳損傷とは、周産期（妊娠22週から出産後1
週までの間）に胎児（または新生児（出産から4週間が新生児
の定義））の脳が傷つけられてしまうことをいいます。例えば、
常位胎盤早期剥離による胎児仮死（新生児仮死）や新生児の核
黄疸による脳性麻痺などを指します。周産期に起きた脳の障害
は一部後天性の傷病になり得ますが、診断基準により高次脳機
能障害から除外されます。
- 発達障害とは、生下時より存在する脳の機能異常により定型的
な発達が困難になっている状態をいいます。定型発達児に比べ
ゆっくり、もしくは偏って発達し、定型発達児（者）に比べる
と不十分な機能しか備わっていません。我が国の法律（発達障

害者支援法）上の定義では知的障害（精神遅滞）は含まれていませんが、2015年にアメリカ精神医学会の精神疾患の診断基準である「精神疾患の分類と診断の手引（Diagnostic and Statistical Manual of Mental Disorders；DSM）」が改訂され第5版（DSM-5）になったことを機に、医学的な定義では知的障害も含まれることとなり、神経発達障害群という名称で一括りとなりました。生下時より存在していますし、検査を行っても器質的な異常を認めないことも多いので高次脳機能障害には該当しません。発達障害に関する詳しいことは既刊『発達障害のある方と働くための教科書』（日本法令）をご参照ください。

- 進行性疾患とは、病状が改善することなく徐々に悪化の一途をたどる疾患をいいます。進行の仕方は、急激に悪化する場合もあれば、変動しながら徐々に悪化する場合もあります。例えば、ICD‐10のF0に属する疾患では、F04、F06、F07には含まれないアルツハイマー病やパーキンソン病による認知症などが該当します。

- 「F04 器質性健忘症候群、アルコールその他の精神作用物質によらないもの」、および「F07 脳の疾患、損傷及び機能不全による人格及び行動の障害」に分類される傷病は、診断基準上、器質的な傷病であり、高次脳機能障害に該当します。「F06 脳の損傷及び機能不全並びに身体疾患によるその他の精神障害」における器質性の幻覚症、緊張病性障害・妄想性障害・気分（感情）障害・不安障害・解離障害は、診断名自体が器質性であり高次脳機能障害に該当しますが、F06.7 軽度認知機能障害は含まれる可能性のある疾患が多岐にわたり、うつ病など非器質性の疾患も含まれ得るため、高次脳機能障害にすべてが該当するとは限りません。

- F40には、広場恐怖（パニック障害の合併を含む）、社会恐怖、

特定の恐怖症が含まれます。これらの多くは脳に器質的な変化を生じないため、また、原因が明確でないことも多いため、高次脳機能障害の診断基準からは除外されていると考えます。

・F43 には、急性ストレス障害、心的外傷後ストレス障害（PTSD）、適応障害が含まれます。現在は PTSD に単純性と複雑性があり、慢性化した場合には脳に器質的な変化が生じ得ると認識されていますが、ICD‐10 が作成された頃は単純性 PTSD という概念しか想定されておらず、ほとんどの場合で回復が期待できるとされているため、高次脳機能障害からは除外されています。なお今後、複雑性 PTSD が診断基準に記載され、慢性的な経過をたどる方の脳に器質的な変化が生じたとしても、その原因と直接的な因果関係を証明することは難しいことが予想されます。

　このような診断基準に関する問題を考えながら原因となる傷病を検討すると、以下の傷病を原因として挙げることができます（**図表１－４**）。

■ 図表１－４

高次脳機能障害をきたす疾患	
頭部外傷	びまん性、局在性
脳血管障害	脳出血、脳梗塞、くも膜下出血
脳炎・脳症	ウイルス性脳炎、細菌性脳炎、自己免疫性脳炎（抗NMDA受容体脳炎など）
脳腫瘍	髄膜腫、神経膠腫、下垂体腺腫、神経鞘腫、悪性リンパ腫、転移性脳腫瘍など
低酸素脳症	心肺停止後の蘇生後脳症
その他（代謝・中毒性）	一酸化炭素中毒、アルコール、ビタミン欠乏症など

出典：飛松好子・浦上裕子編『国立障害者リハビリテーションセンター　社会復帰をめざす高次脳機能障害リハビリテーション』南江堂

4 高次脳機能障害の症候および検査

　ここでは本手引きに掲載されている主要症候に加え、書籍などに記載されている症候、さらに高次脳機能障害を理解する上で知っておくべき症候について、検査方法などと併せ解説したいと思います。なお、高次脳機能が正常に機能するには、より低次の脳機能が正常に機能している必要がありますので、この点についても高次脳機能と併せ可能な限り説明を加えていきたいと思います。

（1）意識障害

　高次脳機能が働くために意識が清明（clear）であることは最も重要です。意識は（医学的に）覚醒度とその内容から構成されると定義されていますので、人間の覚醒にとり最も重要な睡眠・覚醒サイクルをコントロールしている脳幹からの刺激が正常であっても、より高次の脳機能が低下していると、意識障害が生じてしまい、注意障害を始めとする高次脳機能障害を伴うことになります。

　意識障害には、意識レベル（清明度）の障害と意識内容の障害（意識変容）があります。両者の原因は多岐にわたるため専門書に譲ります。意識レベルの障害を評価することは医療現場で必須であり、グラスゴー・コーマ・スケール（Glasgow Coma Scale：GCS、図表１−５−１）かジャパン・コーマ・スケール（Japan Coma Scale：JCS、図表１−５−２）を用い、客観的に記述されます。状況に応じ脳波や聴性脳幹反応などの神経生理学的検査が実施されることもあります。意識内容の障害には意識狭窄と意識変容があります。意識狭窄とは意識の広がりの障害のことで、体験した内容の特定の一部分しか意識されない状

態をいいます。意識変容とは意識の混濁と興奮がいろいろに組み合わされた状態をいい、譫妄（せん妄）、錯乱（アメンチア）、もうろう状態の3型に区別されます。いずれも一見、覚醒しているかに見えながら十分に適応した行動がとれない状態をいいます。

　通常はハッキリしている（清明）ため意識を気にしませんが、例えば、40℃近い高熱を出してボーッとしている時、夜中に急に起こされた直後などは、普段できることもできなくなり、意識が変化もしくは低下した（していた）ことに気づきます。

■ 図表1−5−1

Glasgow Coma Scale (GCS)		
項　目	反応	評点
開眼（E） Eye Opening	自発的に（spontaneous）	4
	呼びかけにより (to speech)	3
	痛み刺激により（to pain）	2
	全く開眼しない (nil)	1
最良運動反応 （M） Best Motor Response	命令に従う（obeys）	6
	疼み刺激部位に向かう運動（localizes）	5
	四肢を屈曲し逃避する（withdraws）	4
	四肢を異常屈曲（abnormal flexion）	3
	四肢を伸展する（extends）	2
	全く運動なし（nil）	1
最良言語反応 （V） Best Verbal Response	見当識あり (orientated)	5
	混乱した会話 (confused conversation)	4
	不適切な言葉 (inappropriate words)	3
	意味不明の発語 (incomprehensible sounds)	2
	全く発語なし (nil)	1
3つの項目の合計点数で評価する。点数が低いほど重症。記載法；EMV score 10 (E3M4V3) など。		

■ 図表１−５−２

Japan Coma Scale（JCS）（3-3-9方式）		
Grade Ⅰ 刺激しないでも 覚醒している delirium, confusion, senselessness	1	だいたい意識清明であるが、今ひとつはっきりしない。
	2	見当識障害（時・場所・人）がある。
	3	自分の名前・生年月日が言えない。
Grade Ⅱ 刺激すると 覚醒する 刺激をやめると 眠り込む stupor, lethargy, hypersomnia, somnolence, drowsiness	10	普通の呼びかけで容易に開眼する。
	20	大声または体をゆさぶることにより開眼する。
	30	痛み刺激を加えつつ、呼びかけを繰り返すと、かろうじて開眼する。
Grade Ⅲ 刺激をしても 覚醒しない deep coma, coma, semicoma	100	痛み刺激に対し、払いのけるような動作をする。
	200	痛み刺激で少し手足を動かす、顔をしかめる。
	300	痛み刺激に反応しない。

意識レベルを３つのグレード・各３段階に分類。桁が大きいほど重症。100-I、20-RI などと記載。

(R) Restlessness（不穏状態）

(I) Incontinence（失禁）

(A) Akinetic mutism（無動性無言症）、Apallic State（失外套状態）

（2）注意障害

　注意することで、私たちは自分の心をある対象に自ら向けることができます。また、自分が必要とする（探している）物事を、あふれる情報の中から瞬時に探し出す（見つける）ことができます。例えば、それまで気にしなかった物事が、気にし出した途端、（それが）目や耳に情報として飛び込んでくるようになった経験は誰もが一度はしているでしょう。注意はすべての認知機能の基盤であり、広く社会生活を営むためのあらゆる行動に含まれ、これを統合する役割をもっています。注意には、図表1－6のように4つの要素があると考えられており、これらがバランスよく保たれている必要があります。

■ 図表1－6

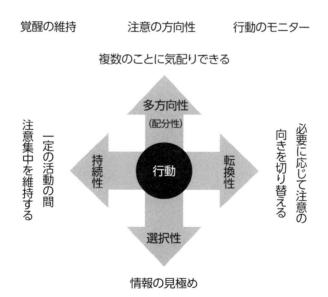

出典：国立障害者リハビリテーションセンター『高次脳機能障害者支援の手引き（改訂第2版)』

注意障害は、意識障害がない－すなわち意識が清明でない、もしくは内外の刺激に反応できる覚醒度ではない－ことが前提となります（必要に応じ覚醒度の検査を行います）。そして情報処理速度の低下や精神活動の緩慢さなど、意識や知的機能に問題がなくとも、認知、行動、言語、思考、記憶などの障害として現れます。

　注意障害による（を疑う）症状は本手引きにも記載されていますが、仕事では、“隣の人の作業に、ちょっかいを出す”“周囲の状況を判断せずに、行動を起こそうとする”“エレベータのドアが開くと、乗り込んでしまう”“作業が長く続けられずボーッとしてしまう”“人の話を、自分のことと受け取って反応する”などが問題（支障）となります。

　注意には全般性注意と方向性注意があり、注意障害も全般性注意障害と方向性注意障害に分けられます。後者は左右の空間に関する注意障害であり、半側空間無視、病態失認（片麻痺の否認など）が挙げられます。

① 全般性注意障害

　集中困難・注意散漫：ある刺激に焦点を当てることが困難となり、ほかの刺激に注意を奪われやすくなります。参考となる評価法としては抹消・検出課題、ストループテスト、心的統制課題が挙げられます。

　注意の持続・維持困難：より軽度な注意障害では、長時間注意を持続させることが困難になり、時間の経過とともに課題の成績が低下します。課題を行わせると、最初はできても15分と集中力が持ちません。参考となる検査法としてはContinuous Performance Test、抹消課題が用いられます。

② 半側空間無視

　損傷脳の反対側の空間における刺激を見落とすなどの半側無視行動が見られます。同名半盲（後述）と混同しないことが重要です。例えば、右半球の損傷（特に頭頂葉の損傷）では左側の無視がしばしば認められ、

常に顔が右を向いてしまう、左側の壁に気づかず接触してしまう、お皿の左側だけ食物が残ってしまうなどの症状が生じます。参考となる評価法としては、線分二等分、線分抹消、絵の模写などが行われます。

　なお、同名半盲とは外傷や脳血管障害などにより大脳が傷害され、視野の左右どちらか半分が欠けてしまうことです。同名半盲のみの場合は、視線を見えない側に向けることによって片側を見ることができ、半側無視は起こしません。逆に半側空間無視の場合、視野は正常（もしくは一部が欠ける程度）であることを確認します。

軽　　度：検査上は一貫した無視を示さず、日常生活動作で、あるいは短時間露出で無視が認められる。なお、両側同時刺激を行うと病巣反対側を見落とす、すなわち一側消去現象を示す。
中等度：常に無視が生じるが、注意を促すことで無視側を見ることができる。
重　　度：身体が病巣側に向き、注意を促しても無視側を見ることができない。

（3）記憶障害

　記憶は時間的な経過から、物事を覚える過程（記銘）、忘れずに脳内にとどめておく過程（保持）、覚えたことを思い出す過程（想起・再生）の3つに分けられます。

　記憶の種類には「保持の時間」を基準にした分類と、「想起の性質」に着目した分類があります。前者の分類は、保持時間が数秒以下と極めて短い「感覚記憶」、数秒から数十秒の「短期記憶」、数分から数時間、さらに数か月から数年（場合によっては永久）という「長期記憶」に分けられます。感覚記憶は、極めて短い保持時間ですが、一度に保持でき

る情報は膨大だと考えられています。短期記憶は、時間の制約に加え、一度に保持できる容量に厳しい限界があり、一般に7個程度の数や文字を記憶できる程度といわれています。長期記憶は、長時間情報を保持できるだけでなく、その容量に限界がないと考えられています。

　また、記憶の内容から、個人的経験に基づくエピソード記憶、言葉の意味や知識などの意味記憶、自転車の乗り方や楽器の弾き方などの動作として身につけた手続き記憶に分類されます。

　後者の分類は、学習エピソードの意識的想起（回想）を伴う「顕在記憶」（記憶課題（「思い出すように」と指示を受け意識的に学習した事物を想起する課題；例「関ヶ原の戦いがあったのは何年か？」）によって測定される）と、学習時のエピソードの意識的想起を伴わない「潜在記憶」（単語完成課題など（「思い出すように」という指示をしない課題）により測定される；例「や□そ〇」□と〇に文字を入れ単語を作る）に分けられます。

　本手引きにも記憶障害の症状（疑う症状）として、“約束を守れない、忘れてしまう”“大切なものをどこにしまったかわからなくなる”“他人が盗ったという”“作り話をする”“何度も同じことを繰り返して質問する”“新しいことを覚えられなくなる”などがあり、いずれも仕事を行う上での問題（支障）となります。

　記憶障害には、前向性および逆向性の健忘があります。全般的な知的機能の低下および注意障害を示さない場合は典型的な健忘症候群といえます。

① 前向健忘

　いわゆる受傷後の学習障害をいいます。受傷ないし原因疾患の発症後は新しい情報やエピソードを覚えることができなくなり、健忘が始まった後に起こった出来事の記憶は保持されません。参考となる検査法は、ウェクスラー記憶検査、対語記銘課題（三宅式など）、単語リスト学習

課題（Rey 聴覚的言語学習テストなど）、視覚学習課題（Rey -
Osterrieth 複雑図形検査、ベントン視覚記銘検査など）があります。

② 逆向健忘

　受傷あるいは発症以前の記憶の喪失、特にエピソードや体験に関する
記憶が強く障害されます。自伝的記憶に関する情報の再生によって評価
しますが、作話傾向のため関係者への確認を行ったり、遅延間隔を置い
て再度この課題を行い、１回目と２回目の回答が同一であれば正答と見
なすことにより、患者の反応の妥当性を確認します。

> 軽　　度：最近の記憶や複雑な記憶でも部分的に覚えている。意味的
> 　　　　　関連のない項目を結びつけるなど難度の高い検査で障害を
> 　　　　　示す。
> 中等度：古い記憶や体験的に習ったことなどは保たれている。最近
> 　　　　　の新しい記憶、複雑な事柄の記憶などは失われている。
> 重　　度：前向健忘と逆向健忘を含む全健忘、ほとんどすべての記憶
> 　　　　　の障害である。

　その他、記憶障害では、作話や失見当識が見られます。
　作話は、上述の症状にもありますが、実際に体験しなかったことが誤っ
て追想される現象です。その内容も変動することが多いのです。よく用
いられる当惑作話とは、その時々の会話の中で一時的な記憶の欠損やそ
れへの当惑を埋めるような形で出現する作話で、多くは外的な刺激によ
り出現し、過去の実際の記憶断片やそれを修飾したり何らかの形で利用
している内容のものを指しています。検者の質問によって誘発され、捏
造された出来事をその内容とするのです。
　失見当識（見当識障害）は、時間、場所、周囲の人・状況などについ
て正しく認識する機能（能力）としての見当識が障害された状態で、ま

さに自分の置かれている日時や場所、周囲にいる人々、状況がわからなくなってしまう状況です。記憶障害を中心症状とする認知症でもよく見られる症状ですので、最近は認知症の方への対応を行う際に認められることも多いと思います。

（4）遂行機能障害

　遂行機能とは、目的を持った一連の認知活動を効果的に遂行するための機能と定義され、人間の認知機能の中で最上位に位置するものです。習慣化された課題や環境ではほとんど必要とされず、新規な場面で、既存の行動様式では解決できず、新しい行動様式や考え方、およびそれらの内容の確立が必要な時に働く能力です。遂行機能は、目標設定、行動計画、実行、作業記憶、モニター、修正という認知段階を経て、さらに新たな目標設定に至るという循環過程を形成している一連の認知活動であり、就労の場面ではとても重要な能力なのです。

　遂行機能障害では、次のような症状が本手引きで紹介されています。"約束の時間に間に合わない""仕事が約束どおりに仕上がらない""どの仕事も途中で投げ出してしまう""記憶障害を補うための手帳を見ると、でたらめの場所に書いてしまう""これまでと異なる依頼をすると、できなくなってしまう"。いずれも仕事を行う上で大きな障害となります。これらは次の2つに集約されています。

① 目的に適った行動計画の障害

　行動の目的・計画の障害。行動の目的・計画の障害のために結果は成り行き任せか、刺激への自動的・保続的な反応による衝動的な行動となってしまいます。ゴールを設定する前に行動を開始してしまいます。明確なゴールを設定できないために行動を開始することが困難になり、それが動機づけの欠如や発動性の低下とも表現される行動につながるこ

ともあり得ます。実行する能力は有していますので、段階的な方法で指示されれば活動を続けることができます。

② 目的に適った行動の実行障害

　自分の行動をモニターして行動を制御することの障害。活動を管理する基本方針を作成し、注意を持続させて自己と環境を客観的に眺める過程の障害により、選択肢を分析せず即時的に行動し、失敗してもしばしば同じ選択を繰り返し行ってしまいます。環境と適切に関わるためには、自分の行動を自己修正する必要がありますが、この能力が障害されることにより社会的に不適切な行動に陥ってしまいます。評価法としては、BADS（遂行機能障害症候群の行動評価）などがあります。

（5）社会的行動障害

　社会的行動（行為）とは、他の個人、もしくは集団に何らかの影響を及ぼすような意識的、もしくは無意識的な行動と考えられています。

　社会的行動障害では、依存性・退行、欲求コントロール低下、感情コントロール低下、対人技能拙劣、固執性、意欲・発動性の低下、抑うつ、感情失禁、その他（引きこもり、脱抑制、被害妄想、徘徊など）が認められ、"興奮する、大声を出す、暴力を振るう""思い通りにならないと、決まって大声を出す""他人につきまとって迷惑な行為をする""訓練士に、つき合えと強要する""不潔行為やだらしない行為をする""自傷行為をする""自分が中心でないと満足しない"などの行動が生じてしまいます。これらは日常生活や仕事を行う上で大きな障害となるため、本手引では、さらに次のようにまとめられています。

① 意欲・発動性の低下

　自発的な活動が乏しく、運動障害を原因としていないが、一日中ベッドがから離れないなどの無為な生活を送る。

② 情動コントロールの障害

　最初のいらいらした気分が徐々に過剰な感情的反応や攻撃的行動にエスカレートし、一度始まると患者はこの行動をコントロールすることができない。自己の障害を認めず訓練を頑固に拒否する。突然興奮して大声で怒鳴り散らす。看護者に対して暴力や性的行為などの反社会的行為が見られる。

③ 対人関係の障害

　社会的スキルは認知能力と言語能力の下位機能と考えることができる。高次脳機能障害者における社会的スキルの低下には急な話題転換、過度に親密で脱抑制的な発言および接近行動、相手の発言の復唱、文字面に従った思考、皮肉・諷刺・抽象的な指示対象の認知が困難、さまざまな話題を生み出すことの困難などが含まれる。面接により社会的交流の頻度、質、成果について評価する。

④ 依存的行動

　脳損傷後に人格機能が低下し、退行を示す。この場合には発動性の低下を同時に呈していることが多い。これらの結果として依存的な生活を送る。

⑤ 固　執

　遂行機能障害の結果として生活上のあらゆる問題を解決していく上で、手順が確立していて、習慣通りに行動すればうまく済ますことができるが、新たな問題には対応できない。そのような際に高次脳機能障害者では認知ないし行動の転換の障害が生じ、従前の行動が再び出現し（保続）、固着する。

（6）失　語

　言葉は人間に固有の物ですが、コミュニケーションは言葉だけでなく表情や身振り手振りなど言語以外の要素が多分に影響し成り立っています。しかし、いったん獲得された言語機能を上手く使えなくなると、コミュニケーションが非常に困難になります。

　失語症とは、眼や耳などの感覚器官（または視覚や聴覚などの感覚機能）や舌、唇、口蓋などの骨・関節・筋肉（発声・構音に関与している運動機能）には異常がないにもかかわらず、大脳の言語中枢が損傷されることにより，いったん獲得された言語機能が障害されている状態をいいます。聴いた言葉がわかる（理解）、言葉を能動的に発する（発話）、物の名前を言う（呼称）、聴いた言葉をそのまま繰り返す（復唱）という言語機能の４つの側面が、障害を受けた部位と程度により異なる影響を受けます。一般的にはブローカ（Broca）失語、超皮質性運動性失語、ウェルニッケ（Wernicke）失語、超皮質性感音性失語、伝導失語、健忘失語（失名辞失語）に分けられます。

　よく間違えられる病態に、失声症と構音障害があります。

　失声症は、身体には器質的な異常を認めないのですが、発声する時に「本来閉じるはずの声帯が閉じない」ためにささやき声しか出せなくなります。過大なストレスによる声帯の運動障害で心因性失声症ともいわれます。言語そのものに問題はありません。

　構音障害とは、構音器官（口唇、舌、咽頭、喉頭）の障害により、言語が発せない、もしくは不明瞭になる運動機能障害です。正しい言語の選択は可能であり、話すことはできるのですが、簡単にいえば上手く声を出す、発音することができなくなる状態です。

（7）失　行

　失行とは、感覚機能（五感だけでなく固有感覚も含む）や運動機能（随意運動、協調運動）には問題がないにもかかわらず、特定の熟練した（習慣化した）目的行動（行為）が障害されてしまいます。失行は、運動計画障害といわれており、行動を計画（概念化）し、行動に出る（産出）ことができなくなります。代表的な失行を挙げてみます。

① 観念運動失行

　物品を使用しない、意図的な習慣動作や物品を使う真似をさせたときに動作が困難となるもの。例えば、いつも通りに歯を磨くこと、手を振ることはできますが、「歯を磨く真似をしてください」、「さよならと手を振ってください」という指示を理解することができず、その行動（行為）ができなくなります。

② 観念失行（道具使用障害）

　単一あるいは複数の日常物品の使用に対して起こる障害であり、対象物品の認知や目的行動（行為）を理解しているにもかかわらず、実際に物品を使用すると誤った使い方をしてしまう、すなわち物品の概念や使用する際の順序を間違えてしまいます。例えば、歯磨きであれば、歯ブラシを見れば、「歯を磨くもの」と理解することはできるのですが、実際に歯を磨こうとすると、耳や鼻に歯ブラシを入れようとしてしまうのです。

③ 構成失行（空間的操作障害）

　複数の物の組み立て、絵を描くなど物事を構成する課題において、個々の動作自体には誤りはないのですが、形態を構成する際にその空間的位置づけを誤る現象をいいます。視覚と動作の過程の障害による行為障害

ともいえます。

④ 着衣失行

　衣服の袖に手を通す、ネクタイを結ぶなどの日常の着衣動作が困難になるもので、衣服の上下、裏表、左右などを自分の体に合わせて着ることができなくなります。運動麻痺や不随意運動によるものは除外されます。

　運動機能は、自分が意図し目的を持って行う随意運動と、自分が意図せずとも防御的に行われる反射（運動）に分けられます。随意運動を司っている経路がどこかで障害されると麻痺が、随意運動を補佐している経路がどこかで障害されると不随意運動（振戦（ふるえ）など）や失調（ふらつきなど）が生じ、それに伴い反射運動も大なり小なり影響を受けます。失行と診断するには、麻痺、不随意運動・失調がなく、反射も正常に機能していることが前提となります。

（8）失　認

　失認とは、物や絵、図形などを見たときに、1つのまとまりとしてとらえられないため呼称できなくなる症状です。物を見るという目の機能（視（覚）機能）は正常に保たれていますし、その他の感覚機能はすべて正常ですので、実際に物を触る、嗅ぐなど他の感覚情報の助けを借りれば正しく呼称できても、目で見た（視覚情報）だけでは上手く認識することができず、正しく呼称できなくなってしまいます。

① 視覚失認

　（ア）統覚型視覚失認；視野・視力は充分で、光の強弱、対象の大小、
　　　　色彩の識別などは可能だが、形態を認知できない状態。
　（イ）連合型視覚失認；形態認知は可能だが、その意味を理解するこ

とができない状態。

この2つの型の違いは模写（図形を写す）課題で判別できます。統覚型では模写ができないのに対し、連合型では模写はできますが、何の絵か判断することができません。

② 半側身体失認

自己の半身に対して無関心になり、まるで半身が存在しないかのように行動します。運動麻痺を伴うことが多く、四肢が不自然な肢位にあっても無関心です。体性感覚障害を伴う場合と伴わない場合とがあります。症状だけ見て厳密に半側空間無視と区別することは困難です。

③ 相貌失認

身近な人や有名でよく知っている人の顔が認識できない状態です。自分のパートナーや子どもさえも識別できなくなりますが、声を聞くとすぐに認知可能であり、また髪型や服装で認知できる場合もあります。

④ 触覚失認

触覚、痛覚、温度覚、深部感覚などが正常であるにもかかわらず、触れることのみではその物品を認知できない状態のことです。

（9）病識の低下

高次脳機能障害の原因は、脳の器質的傷病ですので、脳には直接的・間接的なダメージが必ず生じています。ダメージを受けた脳の部分によっては、医療者や家族が症状（問題）として認識している徴候（他覚所見）であっても、本人はそれを症状（問題）としてまったく認識していない（無視、無感知）、もしくは否認する（自己認識の欠如、無関心）場合があります。これを病識の低下といい、単一の症状（失語、失行、

失認と同じ巣症状）としてとらえることは大変難しいといわれています。そのため、後述する医学的リハビリテーションや各種訓練を行う上で困難を生じ、社会復帰への大きな障壁になってしまいます。

　現在は、病識評価の検査尺度を複数組み合わせ評価し、病識の低下の重症度に応じたリハビリテーションが行われています。詳細は専門書を参照してください。

5　高次脳機能障害への対応

　高次脳機能障害も含め傷病や障害への対応は、原則「生活機能・障害・健康の国際分類（国際生活機能分類）；International Classification of Functioning, disability and Health（ICF）」（以下、「ICF」という）の「生活機能モデル」に準じて実施します（**図表１－７**）。ここでは高次脳機能障害への対応を、本手引きに基づきながら、このモデルの要素に分けて解説したいと思います。

〈ICF の構成要素間の相互作用〉

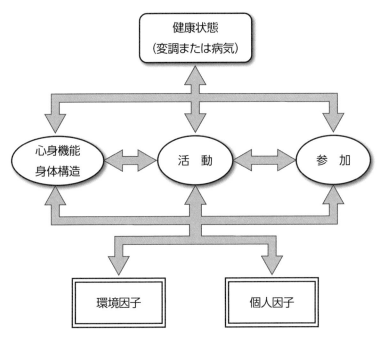

出典：文科省ホームページ "ICF について" http://www.mext.go.jp/b_menu/
shingi/chukyo/chukyo3/032/siryo/06091306/002.htm

① 健康状態・心身機能・身体構造

　主に傷病への対応ですが、直接の原因に対する治療と、障害（障壁）
となっている症状（ニーズ・課題）に対する治療があります。

　前者は、傷病により治療方法は異なりますので、詳細は専門書に譲り
ますが、改善・治癒の可能性がある場合には、積極的に治療を行うこと
が重要と考えます。もちろん改善・治癒が期待できない傷病もあります
が、医療は日々進歩していますので、主治医や他の医療スタッフととも
に治療の可能性を探り続けることは大切です。

　後者は、高次脳機能障害者本人が自覚症状（症状）として自ら訴える

場合と、医療従事者や福祉介護などの支援スタッフが気づく他覚所見（徴候）の場合とがあります。特に、高次脳機能障害がある場合は、健常者のように症状を訴えることができない可能性、病識が低下している可能性を常に考えておくべきです。これは後述するすべての要素にも当てはまりますので、高次脳機能障害者を支援する場合は必ず念頭に置いてください。

　これに対する治療の主体は、リハビリテーション療法で、現在は可能な限り発症早期から積極的な取組みが行われています。本手引きでは「医学的リハビリテーションプログラム」について、「医学的リハビリテーションには、個々の認知障害の対処をめざす（認知リハビリテーション）以外に、心理カウンセリング、薬物治療、外科的治療なども含まれる。」と記載されており、個々の症状（ニーズ・課題）へのリハビリテーション以外に、心身両面へのサポートも必要なことがわかります。また、失語・失行・失認・病識の低下といった巣症状に対するリハビリテーションも実施されています。

　なお、高次脳機能障害に対するリハビリテーション期間について、本手引きでは訓練期間として次のように記載されています。

　　・医学的リハビリテーションプログラムは最大 6 か月実施する
　　・種々のサービスを連携して合計 1 年間の訓練が望ましい

　しかし、これは現行の診療報酬制度に影響された記述ではないかと考えます。なぜなら運動麻痺や感覚障害といった高次脳機能障害以外の障害と比べた場合、より長期間のリハビリテーションにより、ある程度の効果が期待できるといわれているからです。そのため、最近では医療機関本体ではない付属施設や民間の組織が、有償で継続的なリハビリテーションの機会を提供するサービスを始めつつあります（ただし、医療関連の法律による制限が厳しいため、実施施設や内容には一定の制限があ

ると予想されます）。

　また、これらの治療が持つ意味や一連の流れを、患者・家族や関係者にしっかりと説明し、理解を求めることはとても大切です。患者教育に必要不可欠ですので、十分な時間と労力を割いて行われていると認識してください。

② 活動と参加

　活動とは日常生活における家事などの活動を、参加とは就業や就学などの社会参加を意味しています。

　本手引きでも先程の続きとして、「一方、生活訓練、職能（職業）訓練では、認知障害が大きな問題であったとしても、訓練の対象は認知障害そのものではなく、日常生活や職業で必要と考えられる技能を獲得することに主眼が置かれている。」と記載されており、日常生活活動や社会参加を目指すリハビリテーション（訓練）の必要性が強調されています。この点について具体的に見てみたいと思います。

（ア）生活訓練プログラム

　本手引きでは、「生活訓練は、そのケースの日常生活能力や社会活動能力を高め、日々の生活の安定と、より積極的な社会参加がはかられるようにすることを目的とする。高次脳機能障害者の場合、訓練をとおして障害に対する認識を高め、その代償手段を獲得することが大きな課題である。また、本人に対する直接的な訓練のみならず、家族への働きかけも含めた環境調整が重要である。」として、①生活リズムの確立、②生活管理能力の向上、③社会生活技能の向上、④対人技能の向上、⑤障害の自己認識・現実検討、⑥必要とする支援の明確化、⑦家族支援の7項目が挙げられ、具体的に記載されています。

　いずれのリハビリテーション（訓練）も大切ですが、特に①の生活リズムの確立は、他のあらゆる能力や技能の根底をなすものであり、最も

大切なものと私は考えています。また、⑦の家族支援は、いわゆる世話をしてくれる家族がいる方にとってはとても重要です。支援してくれる家族が息切れを起こしてしまうと、最も困るのは高次脳機能障害者である本人ですので、欠かすことはできません。患者会や家族会などの自助グループを上手く利用し、悩みや問題を共有し、少しでも背負っている物事を楽にすることも大切です。

　なお、本人を支援できる家族がいない場合は、公的・民間のサービスを組み合わせて支援体制を確立しながら、生活訓練を実施していくことが大切です。最近増加の一途をたどっている独居高齢者の場合、家族も心身疾患を抱え十分に支援できない場合などは、医療機関だけでなく近隣の居住者などの地域や行政が主体となって支援していく必要があります。本手引きでも、生活訓練の最後にその他地域移行への支援として、「高次脳機能障害者に対しては、長期的、包括的な支援が求められる。地域への移行に際しては、関わる関係機関に、障害に対しての適切な理解と対応をしてもらうため、本人の持つ障害特性や行動特性、支援方法等について、本人および家族の同意を得た上で、文書などにて情報提供を行う。また、場合によっては今後の支援の方向性や内容を整理するため、関係スタッフ間で支援者会議を持ち、支援の連続性を図る。」との記載もあり、地域の関わりの重要性が説かれています。ただし、地域社会が機能不全を起こしている現在の日本において、どの程度地域が関われるかは居住地に大きく左右されると私は考えています。

（イ）職能訓練プログラム

　本手引きでは、「職能訓練、職業リハビリテーションとは、職業生活に要する技能を職能と呼ぶことがあるが、ここではこの定義に従って職業に就くために必要な訓練全般を職能訓練と呼ぶ。職能訓練には、準備訓練、職業訓練（技能講習）が含まれる。受傷・発症からの時期が短い者でも職業を意識した訓練が病院や施設で行われる場合がある。これを職能訓練前の訓練と呼ぶが、前述の医学的リハビリテーションプログラムや生活訓練と重なる部分である。また、訓練の定義を外れるが、就労支援も一部含み、全体を広い意味で職業リハビリテーションと呼ぶ。本稿は訓練に関するものであるが、職業については生活訓練と同様、社会との繋がりが強く、訓練以外に支援の項目を切り離すことはできない。したがって、本マニュアルでは、支援を含み職業リハビリテーションの観点で記述する。」と職業リハビリテーションを広く解釈してくれています。

　職業リハビリテーションの具体的内容については、本書の各章、本手引きならびに各種専門書に譲りますが、本手引きでは、「◆高次脳機能障害者にみられる問題と対処法」として、複数の具体的な項目に対する対処法が記載されていますので、必要に応じ活用することが可能です。

③ 環境因子

　環境因子とは、道路・通路、階段・段差、建物の場所・構造、交通機関、車いす・補助具などの「物理的環境」、家族・親戚・友人、近隣地域の住民、先生・上司・同僚などの「人的環境」、法律・規則、医療・福祉・保健サービスなどの「制度的な環境」のことをいいます。日常生活活動に関する環境調整は、本人が生活しやすい環境を可能な限り実現する努力ができます。一方、職場や学校などの社会参加においては、環境調整にはどうしても限界があります。現在は社会参加の場面でも、障害者に対する合理的配慮が（法整備も行われ）求められていますので、

可能な限りの環境調整を行う努力が必要になります（詳細は第2章に譲ります）。

　なお、就業や就学などの社会参加を進めていく上で、職場や学校の担当者と医療・福祉・保健スタッフとが良好なつながりを持つことは大変有益です。本手引きには「訓練に関わる職種」として以下の職種が列記されていますので、職場や学校の担当者は情報提供と共有を求める際の参考にしてください。

> 「医師：リハビリテーション科、神経内科、脳神経内科・外科、耳鼻咽喉科、精神科、内科など、医師以外：臨床心理士・公認心理師、作業療法士、理学療法士、言語聴覚士、精神保健福祉士、社会福祉士、看護師（保健師）、リハビリテーション体育士、医療ソーシャルワーカーなど。生活訓練や職能訓練は、生活指導員や職能指導員が行っている。」　　（一部、筆者加筆修正）

④ 個人因子

　個人因子は、性別、年齢、職業などの「属性」、体力、習慣、趣味・興味、性格・価値観などの「個性」、生育歴・教育歴・生活歴・既往歴などの「経験」のことです。

　「他人と過去は変えられない。自分と未来は変えられる」と古くからいわれているように、個人の習性を変えることは大変難しいのですが、本人が少しでも変えようという気持ちを持つことができれば変わることはできます。医療・福祉の支援スタッフには一生懸命変えてあげようと努力している方がいますが、人間は自分の意に反して厳しいことには取り組みません。大切なことは、いかに本人が変わろうという気持ちになるかですので、童話「北風と太陽」を見習いながら、患者教育の一環として、上手に本人を促していきましょう。

また、自分自身を振り返れば実感できると思いますが、人間は何か大きな出来事に遭遇しない限り、大きく変わることはできません。さらに、他国の研究によれば、年齢を重ねても基本的な人間の性格は大きく変わらないことがわかっています。したがって、本人の努力で少しでも変化できることができたら、それは素晴らしことですので、大いに褒めて自信を持たせてあげましょう。

　こうした対応方法は、就業や就学先の職場や学校の担当者だけでなく、上司・同僚・部下または教師・学友などの身近な方々にも大切ですので、日頃からこの視点を忘れないようにしてください。

⑤ その他

　本手引きには、「訓練の移行」として次の記載があります。

> 　医学的リハプログラムから生活訓練、職能（職業）訓練への移行は、認知障害が依然存在するとしても、日常生活や職業で必要と考えられる技能の獲得が重要と判断された場合には生活訓練、職能訓練に移行する。また、医学的リハプログラム中であっても、必要があれば生活訓練や職能訓練の内容を加味する。また、生活訓練の結果、改めて医学的リハプログラムを受ける場合もあり、訓練の流れは医学・生活・職能と一方向性とは限らない。

　すなわち、高次脳機能障害の治療は、例えば風邪が治れば終了、というように一筋縄でいくものではなく、一進一退を繰り返しながら、徐々に機能が回復・向上していくものだという認識を常に持ち、気長に構えることが必要なのです。

6 産業医の立場から

　最近の産業保健におけるトピックスの中から、「治療と仕事の両立」、「高齢者雇用」「障害者雇用」と高次脳機能障害について簡単に解説しておきます。

　「治療と仕事の両立」は、「一億総活躍社会」の醸成を目指す目的で独立行政法人労働者健康安全機構において 2009 年より、"がん、糖尿病、脳卒中（リハビリテーション）、メンタルヘルス"の疾患４分野について検討が開始されました。現在は、両立支援コーディネーター（以下、「コーディネーター」という）が治療就労両立支援チームの一員として、勤労者、医療機関、事業場といった関係者間の仲介・調整の他、治療方針、職場環境、社会資源などに関する情報の収集・整理などを実施する中心的な役割を担うという事業が展開され、また各分野について『治療と就労の両立支援マニュアル』も作成されており、同機構のサイトから無料でダウンロードできるようになっています。

　このマニュアルでは、医療機関において両立支援業務を行うにあたっての基本スキルや知識に加え、両立支援の事例紹介など、実際に両立支援を実施する上で医療スタッフ・従事者（医師・看護師・医療ソーシャルワーカーなど）が留意すべき事項などを掲載しており、同時に医療従事者のみならず、企業の労務管理担当者や産業保健スタッフが、両立支援の基本的な取組方法について理解できるように構成されています。

　高次脳機能障害の原因の一つである脳卒中のマニュアルを見ると、高次脳機能障害への対応も記載されており、職場の担当者など高次脳機能障害者に接する方には是非とも参考にしていただきたいと思います。特に、「Ⅳ 現状の医療体制」は医療・福祉・保健のスタッフと連携する際

に役立つと思いますので、ぜひ活用してください。

　「高齢者雇用」について、現在は 65 歳までの雇用機会の確保が法律（高年齢者雇用安定法第 8 条）により決められており、さらに「高年齢者雇用確保措置」として、定年年齢を 65 歳未満に定めている事業主は、その雇用する高年齢者の 65 歳までの安定した雇用を確保するため、希望者には「65 歳までの定年の引上げ」「65 歳までの継続雇用制度の導入」「定年の廃止」のいずれかの措置（高年齢者雇用確保措置）を実施する必要があります（高年齢者雇用安定法第 9 条）。今後、高年齢者等職業安定対策基本方針（平成 24 年 11 月 9 日厚生労働省告示第 559 号）により、さらなる雇用機会の延長が求められていることは既にご存知のことと思います。

　これから数十年は超高齢社会が続き、現在よりも高齢の就業者が増えると容易に予想できます。脳卒中（特に脳梗塞）は、高齢になるほど危険因子としての動脈硬化や生活習慣病の合併割合も高くなるため、発症頻度も高くなります。また、高齢になれば視（覚）機能や筋骨格系・平衡感覚の機能も低下するため、転倒による頭部外傷の危険性も高くなります。それに伴い、これら傷病の後遺症としての高次脳機能障害を有する確率も高くなると予想されますので、「仕事と就労の両立」の面からのアプローチと併せて「高齢者雇用」対策はより重要になると思います。

　「障害者雇用」については、既刊『発達障害のある方と働くための教科書』（日本法令）でも述べられているように、法定雇用率の算定基礎が見直され、企業が障害者雇用を推進すべき状況が続いています。高次脳機能障害も障害の一つであることに変わりはありませんが、原因となる傷病が多岐にわたり、また病変の部位が脳であるため、複数の障害を合併している可能性が高く、単一の障害を抱えている労働者に比べ、就労時における配慮も複雑で難しくなってしまいます。この点を十分に考

慮して、職場環境の整備や従業員の教育を行うことが必要になります。詳しいことは、後の章にて解説されていますので、そちらを参照してください。

7　高次脳機能障害に関する問題点

　ここでは、未だに十分理解されているとはいい難い点について簡単にまとめてみたいと思います。

（1）障害者手帳

　高次脳機能障害においても、他の傷病と同じく、障害の状態によっては障害者手帳の対象になります。病識の低下の有無は別として、障害者手帳を持つか否か、障害者雇用で仕事をするか否かは、本人が決める問題です。「障害者の雇用の促進等に関する法律（障害者雇用促進法）」が施行されてから、法定雇用率の算定基礎が見直されたため、雇用者が障害者手帳の取得可否を産業医に問い合わせて、「本人に障害者手帳の取得を促すことは可能か」と質問するケースが増えています。障害者手帳の取得は、本人の人権や尊厳に関わる重大な問題ですので、本人の意思が最優先され、決断の時が来るまで、雇用者もしくは人事採用担当者が軽率な発言をしないよう十分に気をつけてください。なお、障害者手帳を持つことと、障害者雇用を選択することは、本来区別されるべきと私は考えています（詳しくは既刊『発達障害のある方と働くための教科書』（日本法令）を参照）。

（2）保険・年金に関する問題

　高次脳機能障害と診断されても、保険や年金が支払われる（支給される）とは限りません。保険や年金には約款などで決められた支払（支給）事由があり、それに該当するか否かの判断は、診断とは別の基準（該当要件など）に基づくことになります。また、同じ人でも保険や年金の種類により該当の可否は異なりますし、同じ高次脳機能障害でも個人により状況が異なれば、該当の可否も当然変わります。インターネットなどで保険金や年金がもらえたという記事を見ても、それが他の方にそのまま当てはまると思わないことが大切です。詳しいことは、保険や年金を管理している会社や担当者に直接確認するようにしてください。

（3）自動車運転に関する問題

　近年、高齢者の誤った自動車運転による交通事故が増えており、マスコミなどでも大々的に取り上げられています。多くの場合、高齢者ということもあり認知症による認知機能障害という言い方がされていますが、認知症ではなく高次脳機能障害による事故も一定の割合で起きていると思います。高次脳機能障害の方の自動車運転の詳細は専門書に譲りたいと思われますが、運送業などのように自動車運転が業務上必要と明示されていなくとも、自動車を運転する機会が業務上起こりうる職場がありますので、自動車運転要否の確認は必ず行うべきです。また通勤途中での自動車運転が必要になることは職場の問題とは言い切れませんので、この点は自分で律するか、家族など身近にいる人が気づき、事故を未然に防ぐことが大切です。

＊　＊　＊　＊　＊　＊

　本章では、高次脳機能障害の定義、診断基準、症状（徴候）、検査法、対応（治療）方法、そして医師から見た就労上の注意点まで、幅広い範囲について述べました。高次脳機能障害といっても原因となった傷病はさまざまで、また、同じ傷病でも個々が抱える症状（困難）は異なります。高次脳機能障害の診断基準が発表されて未だ数年しか経過していません。ネット上には情報が溢れていますが、中には高次脳機能障害を正確に理解していないサイトもあります。専門的な書籍は今後数多く出版されると思いますので、正しい知識の習得に努め、個々に対する正しい支援を行っていくことが大切です。高次脳機能障害で苦しんでいる方は沢山いるはずですので、一人でも多くの方がより良い日常生活と社会参加ができるように頑張っていきましょう。

（参考文献等）

1) 一般社団法人日本外傷学会・一般社団法人日本救急医学会監修『改訂第5版　外傷初期診療ガイドライン　JATEC』へるす出版、2016年
2) 波多野武人編著『まるごと図解　ケアにつながる脳の見かた』照林社、2016年
3) 低次脳機能研究会　研究活動紹介
　 http://reproduction.jp/jrd/jpage/vol47/470301.html
4) R・ダグラス・フィールズ／小西史朗監訳／小松佳代子訳『もうひとつの脳　ニューロンを支配する影の主役「グリア細胞」』講談社ブルーバックス、2018年
5) 飛松好子・浦上裕子編『国立障害者リハビリテーションセンター　社会復帰をめざす高次脳機能障害リハビリテーション』南江堂、2016年
6) 国立障害者リハビリテーションセンターのサイト
　 http://www.rehab.go.jp/brain_fukyu/data/
7) 武田克彦・三村將・渡邉修編『CR BOOKS　高次脳機能障害のリハビリテーション　Vers.3』医歯薬出版、2018年
8) 橋本圭司・上久保毅編著『脳解剖から学べる　高次脳機能障害リハビリテーション入門　改訂第2版』診断と治療社、2017年
9) 落合慈之監修、秋山剛・音羽健司編『精神神経疾患ビジュアルブック』学研メディカル秀潤社、2015年
10) 西野英行ブログ「未来のPT」"高次脳機能障害「失行・失認とは？」評価方法と判別のコツ"　https://hideyukiriha.com/archives/5051
11) はしもと経堂クリニック"高次脳機能障害とは"　http://www.keiman.co.jp/

brain

12) 株式会社トータルブレインケアのサイト　https://tbcare.jp/cogevo-s/
13) 狩野力八郎監修『患者理解のための心理用語 ナース専科 BOOKS』エス・エム・エス（インプレス）、2010 年
14) 日本精神神経学会 精神保健に関する委員会編『医療従事者のための産業精神保健』新興医学出版社、2011 年
15) 看護 roo!"高次機能（失語，失行，失認）の診察"
https://www.kango-roo.com/sn/k/view/2326
16) 融道男ら監訳『ICD-10　精神および行動の障害―臨床記述と診断ガイドライン』医学書院、2005 年
17) ICD-11 for Mortality and Morbidity Statistics (Version:04/2019)
https://icd.who.int/browse11/l-m/en#/http://id.who.int/icd/entity/195531803
18) 厚生労働省"疾病、傷害及び死因の統計分類"http://www.mhlw.go.jp/toukei/sippei/
19) 日本語版用語監修 日本精神神経学会、高橋三郎・大野裕監訳『DSM-5　精神疾患の分類と診断の手引』医学書院、2014 年
20) 森則夫・杉山登志郎・岩田泰秀編著『臨床家のための DSM-5　虎の巻』日本評論社、2014 年
21) 文部科学省"ICF について" http://www.mext.go.jp/b_menu/shingi/chukyo/chukyo3/032/siryo/06091306/002.htm
22) 厚生労働省"「国際生活機能分類－国際障害分類改訂版－」（日本語版）の厚生労働省ホームページ掲載について"
http://www.mhlw.go.jp/houdou/2002/08/h0805-1.html
23) 一般社団法人 全国地域生活支援機構のサイト
https://jlsa-net.jp/hattatsu/icf/
24) 日本医師会編、北川泰久・寺本明・三村將監修『神経・精神疾患診療マニュアル（日本医師会生涯教育シリーズ 85）』日本医師会 発行、日本医師会雑誌 第 142 巻・特別号 (2)、2013 年 10 月 15 日
25) 『産業医の手引』東京都医師会産業保健委員会・編集委員会、東京都医師会、2017 年 3 月 31 日
26) 丸山総一郎編著『「はたらく」を支える! 女性のメンタルヘルス』南山堂、2017 年
27) 独立行政法人労働者健康安全機構"治療就労両立支援モデル事業"
https://www.johas.go.jp/ryoritsumodel/tabid/1013/Default.aspx
28) 独立行政法人労働者健康安全機構"脳卒中に罹患した労働者に対する治療と就労の両立支援マニュアル"2017 年 3 月　https://www.johas.go.jp/Portals/0/data0/kinrosyashien/pdf/bwt-manual_stroke.pdf
29) 厚生労働省"高年齢者の雇用"　https://www.mhlw.go.jp/stf/seisakunitsuite/bunya/koyou_roudou/koyou/jigyounushi/page09.html
30) 高年齢者等職業安定対策基本方針、平成 24 年 11 月 9 日厚生労働省告示第 559 号
31) 荒了寛著『生きよ まず 生きよ（羅漢さんの絵説法⑤‐法句経）』里文出版、2006 年

第 2 章

合理的配慮とは

（小野寺 敦志）

1 合理的配慮とは

2016年（平成28年）4月の「障害を理由とする差別の解消の推進に関する法律（以下、「障害者差別解消法」）」の施行に伴い、「合理的配慮」が求められるようになりました。本章では、合理的配慮の内容を説明するとともに、その法的な背景を述べていきます。

（1）合理的配慮の対象となる人

合理的配慮を理解するためのリーフレットが、内閣府から提供されています。そのリーフレット [1] をもとに、合理的配慮の内容について説明します。

合理的配慮が目指すものは、「障害者差別解消法」が目指す障害のある・なしの垣根を越えてすべての人が共に暮らしていく「共生社会」を実現することです。そのため、障害のある人に対し、合理的配慮をすることで、障害のある人と障害のない人が関わる機会を増やし、相互理解を深めていくことで、共生社会の実現に近づいていくものと考えられています。

ここで注意すべき大切なことは、障害のある人とは、障害者手帳のある・なしにかかわらないことです。リーフレットの中では「身体障害のある人、知的障害のある人、精神障害のある人（発達障害や高次脳機能障害のある人も含まれます）、その他の心や体のはたらきに障害（難病に起因する障害も含まれます）がある人で、障害や社会の中にあるバリアによって、日常生活や社会生活に相当な制限を受けている人すべてが対象です。（障害児も含まれます。）」と記されています。

精神障害には、認知症の人も含まれます。そして障害者手帳の有無は

問われないゆえ「その他の心や体の働きに障害がある人」とは、老化や身体疾患に伴い「日常生活や社会生活に相当な制限を受けている」人も該当するといえます。つまり、認知症はなくても要介護状態にある高齢者も含まれるといえます。

　また、難病に起因する障害には、内臓疾患や神経疾患など、外目からは障害の有無がわかりづらい内部障害の人も含まれます。図表2-1に内部障害を示すマークの例を示しました。このマークを持っている人は内部障害のある人なので、合理的配慮の対象となります。

■ 図表2-1　障害者に関係するマークのうち内部障害のマーク

名　称	「ハート・プラス　マーク」	「ヘルプマーク」

所管先	特定非営利活動法人 ハート・プラスの会 TEL：080-4824-9928	東京都福祉保健局 障害者施策推進部計画課 社会参加推進担当 TEL：03-5320-4147

出典：内閣府ホームページ　https://www8.cao.go.jp/shougai/mark/mark.html

（2）不当な差別的取扱いの禁止

　障害者差別解消法は、「国・県・市町村などの役所や、会社やお店などの事業者が、障害のある人に対して、正当な理由なく、障害を理由として差別することを禁止」しています。

　ここでいう「事業者」とは、「会社やお店はもちろんのこと、同じサービスなどを繰り返し継続する意思もって行う人たちをいい、ボランティア活動を行うグループなども「事業者」」に含まれると述べられています。

　なお、「不当な差別的取扱いの禁止」は、国・県・市町村、事業者ともに、法的な義務を負います。なお、合理的配慮については、国・県・市町村は法的な義務を負う一方、事業者は努力義務となっています。つまり、不当な差別的取扱いの禁止は、その立場に関係なく、遵守する努力が求められています。合理的配慮については、国などの行政は、障害のある人の求めに応じその義務を果たさなければなりません。しかし、事業者が障害のある人から求められた場合は、対応できる範囲でその義務を果たす努力が求められているといえます。だからといって、提供できる合理的配慮を提供しないことは努力義務に反することになるので、注意が必要です。

　つぎに、リーフレットに示されている「不当な差別的取扱いの禁止」の具体例を下記に示し、補足説明を付します。

・受付対応の拒否
　　受付窓口は行政だけでなく、多様な事業に存在します。対面だけではなく、電話やメールなどの窓口においても、対応を拒否してはいけません。
・本人を無視して、介助者支援者、付き添いの人だけに話しかける
　　言語障害や聴覚障害の人、理解力の低下を伴う障害の人に対して生じやすいと考えられます。また、子どもに対しても生じやすいと

いえます。本人がどのような障害を有していても無視することは問題となります。

・学校の受験や入学を拒否する

　会社などの事業者においても、障害だけを理由に入職試験や入職を拒否してはいけません。

・障害者向け物件はないと言って対応しない

　アパートなどの賃貸契約に際しての差別も禁止となります。なお、高齢者や母子家庭に対して同様の差別を行うことも問題になる行為といえます。

・保護者や介助者が一緒にいないとお店に入れない

　ここでいうお店とは飲食に限らず、アミューズメント施設なども含まれます。また宿泊施設や公共交通機関においても同様です。

（3）合理的配慮の内容

　合理的配慮について「障害のある人から、社会の中にあるバリアを取り除くために何らかの対応を必要としているとの意思が伝えられたときに、負担の重すぎない範囲で対応すること（事業者においては、対応に努めること）が求められるものです。重すぎる負担があるときでも、障害のある人に、なぜ負担が重すぎるのか説明し、別のやり方を提案することも含め、話し合い、理解に努めることが大切です」とリーフレットで説明されています。

　事業者における負担の重すぎない範囲での対応の目安は、障害者差別解消法に伴う「障害を理由とする差別の解消の推進に関する基本方針」に以下のように記してあります。

　それは「事業者の事務・事業の目的・内容・機能に照らし、必要とされる範囲で本来の業務に付随するものに限られること、障害者でない者との比較において同等の機会の提供を受けるためのものであること、事務・事業の目的・内容・機能の本質的な変更には及ばないことに留意」

というものです。

　つまり、業務に関連したことについて合理的配慮を行うことが求められています。その際に行うべき合理的配慮の内容は、障害のない人に普通に提供されているものが、障害のために提供されづらくなっているものについて、提供していくことになります。ただし、現在の事業を根本的に変えなければ提供できないようなものは、合理的配慮として求めていないと述べられています。

　提供の基準は、障害のない人に当然のように提供している内容です。ちょっと手間がかかるから、時間をとって面倒だといった理由でのサービス提供の拒否は、合理的配慮を行っていないということになります。

　なお、合理的配慮を伴う提供は、障害のある人から「何らかの対応を必要としているとの意思が伝えられたとき」と記されています。一見、障害のある人からの自己申告による場合と解釈できそうです。しかし、ここでは「意思が伝えられたとき」と記してある通り、自己申告によるだけはありません。どのような手段によってもよいのです。例えば代理の人が本人に代わって意思表示をしてもよいですし、困っている現状を身振りなどで示してもよいのです。必ずしも言葉や書面によるものだとか、本人が直接意思表示した場合だけと誤解しないことが大切です。

　次にリーフレットに示されている合理的配慮の具体例を示して、それについての補足説明を付します。

・障害のある人の障害特性に応じて、座席を決める
　　座席の決め方は、学校であれば、授業の際の座席になります。お店や映画館、コンサートホールなどの場面の座席もあります。視聴覚の障害がある場合は、見えやすい場所、聞きやすい場所が挙げられます。身体障害の場合、座りやすい、移動しやすい座席になるといえます。このように障害内容に配慮した座席の提供が必要です。

- 障害のある人から、「自分で書き込むのが難しいので代わりに書いてほしい」と伝えられたとき、代わりに書くことに問題のない書類の場合は、その人の意思を十分に確認しながら代わりに書く

    代筆に問題のない書類とある通り、契約書類など本人の直筆のサインが必要となる書類は除かれます。また、書類内の項目ごとに本人の意思を確認しながら記入することが大切です。書類作成に慣れた人が支援すると、スラスラと記入していけるかと思われますが、代筆者の判断のみで記入してはいけません。本人の意思を確認しながら代筆することが肝要です。

- 意思を伝えあうために絵や写真やタブレット端末などを使う

    聴覚障害の人には、ホワイトボードを準備しているところもあります。あいうえおボードを使用する場合もあります。近年はパソコンや PC パッドをコミュニケーションツールに使用する例も増えています。携帯電話やスマートフォンも活用できます。また、事業所の窓口業務内容に合わせて、一定の質問内容と回答の選択肢を記した器材を用意しておき、指差しをしてもらうこともよいかもしれません。

- 段差がある場合に、スロープなどを使って補助する

    車いす用の移動補助板など、簡易で安価な器材で段差解消ができる場合は、その準備をしておくことが求められます。一方、建物のエレベータは建築時に設置しないと、後から追加するのは設計上困難な場合もあります。公共交通機関でも、車いす対応の車両は購入時に、該当する車両の購入が必要です。このように、配慮する側に必要以上の負担を負わせるものは、これらの内容からは除外される場合があります。

　合理的配慮の内容は、これだけではありません。これはあくまでリーフレットに記載されている一例です。重要なことは、障害のある人が、どのようなバリアがあるために、どのように困っているのか、そしてどうできることを望むかを確認することといえます。そこから対応内容を検討するために、当人との対話をしっかりと行い、社会的なバリアに対

する共通理解を持つことが、対応の第一歩になります。そして、このやり取りの積み重ねが、相互理解につながり「共生社会」の実現に近づいていくことになります。

　合理的配慮を提供していくに際して、障害者差別解消法は、国などの行政、事業者に「対応要領」と「対応指針」を求めています。内閣府による「障害者差別解消法」リーフレットから、その内容を示します。**図表2－2**に定める機関と対応する人などを示しました。

■ 図表2－2

求められるもの	定める機関	対　応
対応要領	国・都道府県・市町村などの役所	役所で働く人
対応指針	事業者を所管する国の役所	会社やお店などの事業者

　対応要領は、国などの行政が、その行政機関に勤める役所の人たちに対して、不当な差別的取扱いがどのようなものであるとか、合理的配慮の具体例を示して、役所の人たちがどのように対応すると良いかを示すものです。

　対応指針とは、国が、お店や会社などの事業者に対して、不当な差別的取扱いがどのようなものであるとか、合理的配慮の具体例を示して、事業者が自主的に取り組めるように促していくものです。なお、対応要領、対応指針ともに、これらの内容を作成する際には、障害のある人たちから意見を聴きながら作成することが求められています。

　内閣府のホームページに「合理的配慮等具体的データ集」（https://www8.cao.go.jp/shougai/suishin/jirei/）が紹介されています。障害の種類別、生活の場面別に具体的な配慮例を検索できるので参考にしてください。

（4）合理的配慮の成立背景

　合理的配慮を社会の中で、会社の中で実践していく必要性を理解するためには、それらが成立した背景を知ることが、その一助になるといえます。

　図表2－3に、憲法・法律・条例などの関係を図示しました。具体的な話をする前に、これらの関係を知っておくと、それぞれの関係が理解しやすいといえます。憲法は国の骨幹をなす法律です。憲法を土台として法律が作成されています。法律などは一貫性が求められます。骨幹となる憲法と整合性があるように法律などは作成されています。

　ここで課題になるのが、「条約」です。これは国家間で取り交わされるものです。法律の専門家の間では、憲法と条約の関係が議論になっているようですが、本項ではそれは脇に置いておきます。本章では、憲法と条約には上下がなく同等の立場にあり、憲法と整合性がとれるところで、条約を受け入れていくという立場に立って話を進めます。

■ 図表2－3　憲法・法律・条例等の関係

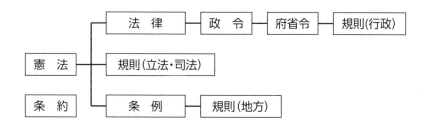

出典：国立国会図書館ウェブサイト
　　　https://www.ndl.go.jp/jp/library/training/guide/hourei_H30.pdf

　外務省のホームページに差別解消法の成立の経緯が示されています [2]。その内容を以下に示すと、「1．国際連合総会は、障害者の人権を促進し、及び保護すべく、障害者の権利に関する宣言及び国際障害者

年行動計画を採択する等の取組を行ってきました。しかし、これらの取組にもかかわらず、依然として障害者が人権侵害に直面している状況を改善すべく、法的拘束力を有する新たな文書を作成する必要性が強く認識されるようになりました。」と述べられています。下線（筆者による）の部分のように、改善されない状況を打破するために法的な力を導入することになったといえます。

　続けて「2．このため、2001年12月、第56回国際連合総会において、障害者の権利及び尊厳を保護し、及び促進するための包括的かつ総合的な国際条約を検討するためのアドホック委員会が設置され、計8回の会合を経て、2006年12月、第61回国際連合総会において本条約が採択されました。（本条約は、2007年3月から署名のために開放され、我が国は同年9月28日、ニューヨークの国連本部において高村外務大臣（当時）が署名しました。）」とある通り、日本は2007年に条約に署名しました。日本が署名し参加した「障害者権利条約」は、障害者の人権や基本的自由の享有を確保し、障害者の固有の尊厳の尊重を促進するため、障害者の権利を実現するための措置等を規定しています。その具体例として「障害に基づくあらゆる差別（合理的配慮の否定を含む。）を禁止」「障害者が社会に参加し、包容されることを促進」「条約の実施を監視する枠組みを設置」が挙げられます。この条約に沿って、国内における法的整備が進められ、2016年に障害者差別解消法が施行されました。

　それに先立つ2011年（平成23年）には、障害者基本法が改正されています。柏倉・川島ら[3]によれば、この改正では目的が見直され「全ての国民が障害の有無にかかわらず基本的人権を享有するかけがえのない個人として尊重されるとの理念に基づき、全ての国民が障害の有無によって分け隔てなく、相互に人格と個性を尊重し合いながら共生する社会を実現すること」と定められたと述べています。そして障害者の定義について「身体障害、知的障害、精神障害（発達障害を含む。）その他

の心身の機能の障害がある者で、障害及び社会的障壁によって継続的に日常生活、社会生活に相当な制限を受ける状態にあるもの」と定義されたと説明しています。この基本法があって、障害者差別解消法という具体的な取組みを示す法律ができています。

　この点について補足すると、これらの基盤にあるものは日本国憲法です。その第11条：基本的人権の享有、第12条：自由・権利の保持の責任とその濫用の禁止、第13条：個人の尊重・幸福追求権・公共の福祉、第14条：法の下の平等、貴族の禁止、栄典、これらに示されるように、障害を有することで基本的人権、自由・権利、個人の尊重・幸福追求、法の下の平等が阻害されてはなりません。さらに第26条：教育を受ける権利、教育の義務、第27条：勤労の権利及び義務、勤労条件の基準、児童酷使の禁止に示される通り、教育や勤労についても障害があるということで、その権利が阻害されてはいけないのです。

　以上の通り、何らかの障害を有して、社会的障壁を感じる人への合理的配慮は、法的な根拠に基づいています。企業が合理的配慮を実践していくことは、企業による社会的責任（CSR）であるともいえます。もしくは、法令遵守（コンプライアンス）であるといえます。社会的責任の定義は多様であるとの指摘はありますが、時代の変化や世界の潮流により、単に利益追求だけではない企業の価値を決めるものの一つになっているといえます [4]。

2 障害のある人の立場をどう理解すればよいか

　障害のある人とのコミュニケーションというと、構えてしまう人がいるかと思われます。例えば、どうコミュニケーションをとればいいのか、と構えてしまいます。なぜ、私たちはそのように構えてしまうのでしょ

う。一方で、障害のある人は、周囲とのコミュニケーションをどのように捉えているのでしょう。障害のない人、障害のある人、双方からの障害の捉え方を取り上げ、合理的配慮を行う際の留意点について述べます。

（1）障害を障害として捉え、本人と混同しない理解を持つ

　私たちは、障害のある人をどのように捉えているのでしょう。高次脳機能障害の場合、それは目に見えない障害といえます。目に見えない障害は、高次脳機能障害以外にも、精神疾患（認知症を含む）、内臓疾患による障害、神経疾患による障害などが挙げられます。これらの障害は、外見から障害を捉えることができないため、すぐには障害の存在に気づきません。気づかずに、障害のある人とコミュニケーションをとると、**図表2-4a**のようになってしまう可能性があります。

　図表2-4aの捉え方は、障害と個人をイコールで捉えてしまうもの

■ 図表2-4　障害の捉え方

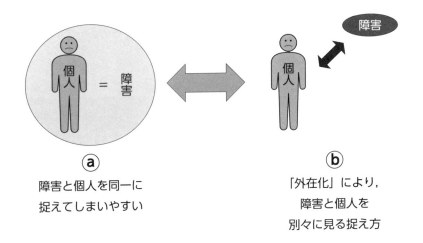

ⓐ
障害と個人を同一に
捉えてしまいやすい

ⓑ
「外在化」により，
障害と個人を
別々に見る捉え方

です。つまり、その人に障害によって引き起こされている言動を、その人のキャラクターなどの特性として捉えてしまいます。そのため、その言動が周囲の人にとって好ましいものであったり、害のないものであったりする限りは、多少の違和感を持っても、障害のある人の言動を肯定的に受け止めます。しかし、その言動が受け入れづらいものであると、途端に障害のある人の言動にとどまらず、障害のある人自体を否定的に捉えてしまうことになります。つまり、周囲の人は、障害のある人にダメ出しをしてしまうということになります。

　なぜそのようなことになるのでしょう。その理由を端的にいえば、障害に対する理解不足に伴う偏見や差別が背景にあるといえます。知らないゆえの怖さともいえます。とある本の中に、差別をする人は自分が差別をしているという自覚がない旨の指摘を見つけたことがあります[5]。普段は温厚で常識をわきまえ、周囲の人にも配慮のある人が、障害に対して無知であるがゆえに、自覚なく差別的な言動をするということが生じます。そういう言動をすることに違和感を持っていないですし、そのような言動をしていいのだという文化に生きてきたといえます。日本の文化自体が、つい最近までそのような社会であったといえますし、その文化はまだ生き残っているところがあるといえます。しかし、無自覚だからと、自分の感情の赴くままに障害のある人に心ない言葉を発することは、障害のある人をひどく傷つけてしまうことになります。

　では、その無自覚な言動を正していくにはどうしたらよいのでしょうか。それは無知から脱却すること、今までの誤った文化から脱することです。文化だから習慣だから正しいというものではありません。脱却するためには、障害についての知識を持つことです。といっても、障害の知識の持ち方に偏りがあれば、結局は差別につながってしまいます。大切なことは図表2－4bに示すように、障害への理解を深めるとともに、個人と障害をイコールで捉えず、切り離して捉えることです。

　この考え方は家族療法の手法の一つで、「外在化」といいます。外在

化について、ある事例を通して、以下のような趣旨の説明をしています[6]。「外在化」とは、ホワイトらによれば「人々にとって耐えがたい問題を客観化しまたは人格化するように人々を励ます、治療における一つのアプローチ」[6] と説明されています。ここでいう治療とはナラティヴセラピーの治療です。家族への支援の方法として取り上げられています。外在化されるものは、家族の一員が抱えている問題を、その当人から切り離して客観的に捉える、その際にその問題に名称をつけることで疑似的な人物に仕上げ、その疑似的人物に家族が立ち向かうのだという流れを作ることで、家族内で生じている問題を、家族全体のものにして考え、対応方法を考えるものといえます。

　ここで、その書籍にならって説明をしてみたいと思います。

　　11歳になる息子の「おねしょ」に困り果てた親が相談に来ました。その息子はタロウといいます。父親は「11歳になっても『おねしょ』をするので困っています」と語り、母親は「夜寝る前にトイレに行くようにさせているのですが、してしまうのです」と嘆きます。そして「『おねしょ』をしないように、うちの子、何とかならないでしょうか」と訴えます。タロウは親の話をうつむきながら聞いています。相談者がタロウに気持ちを聞くと「気がつくと『おねしょ』をしているの。したくてしているわけじゃないんだけど」と小さい声で答えます。

　この話に見られることは、親は、タロウを『おねしょ』をする困った子と捉えていることです。この親の捉え方は、図表2-4aに示されている理解といえます。つまり「おねしょ」をする子ども自体が悪く、困った子だということです。しかし、タロウの答えのように、タロウは自分から『おねしょ』をしようとして、しているわけではありません。そこで、外在化による働きかけになります。

相談者は、タロウの『おねしょ』に名前をつけました。それは「オネショマン」です。このオネショマンがタロウに『おねしょ』をさせている悪者です。さあこの悪者を家族そろってやっつけましょうとタロウと両親に働きかけます。そして、どうしたらやっつけられるかを、家族全員で考えて、その対応をしました。結果、タロウは『おねしょ』をすることがなくなりました。

(注：本項では、治療のプロセスを紹介することが主旨ではないので、その点は省略しています)

　この『おねしょ』に名前をつけ「オネショマン」としたのが人格化、つまり疑似的人物に仕立てることです。これによって、タロウも両親も『おねしょ』を客観的に捉えることができるようになったといえます。これが図表2-4bの理解といえます。

　家族の問題を解決するために作られた治療的アプローチですが、家族以外でも使用できます。つまり、職場の中で、高次脳機能障害によって、周囲から見ると、ときに不適切な言動をしてしまう障害のある本人の、その不適切な言動を「外在化」によって捉えることで、本人自身も周囲の方も、その言動への関わり方を変えることができます。「外在化」することで、それにどう対応していくかを、障害のある本人を交えて考えていきやすくなるといえます。このように、周囲の人は、障害のある人とともに、その人の障害にどう向き合うかを、本人と一緒に考えて、具体的な対応をとることが求められるのです。

（2）障害のある人の「病識」の有無を把握する

　とはいえ、高次脳機能障害に伴う対人関係上の不全感ややり取りの困難さは、体験してみないとわかりません。その上で関わっていくという

ことは「言うは易し、行うは難し」ということになります。

　しかし、対人関係の不全感ややり取りの困難さは、障害のある人とだけでしょうか。障害の有無に関係なく、程度の差こそあれ日々生じているといえます。例えば、年若い新人とのやり取り、自分と価値観が真逆の同僚や部下、パワハラすれすれの上司等、障害のない人との対人関係のほうが、ときには厄介になります。では、なぜ障害のある人には、ことさらに不全感を感じるのでしょう。そこには、あの人は障害があるからという色眼鏡で見ている私たちがいるといえます。

　さて、この色眼鏡、実は障害のある人自身にもあるといえます。それが「病識」の程度です。「病識」とは、病気への意識があることです。つまり、自分が病気の状態にあるということを自覚していることです。一方、病識までは持てていないが、自分の状態は普通の状態ではないと気づいている場合を「病感」があるといいます。そして、自分が病気であることの自覚がまったくない場合を「病識欠如」といいます。

　障害のある人にとって、この病識の有無が色眼鏡の程度になります。つまり、自分の障害の程度や内容をどのように理解しているのかということです。病識のある人は、健康だった時の自分と今の自分の違いを意識することができるといえます。と同時に、その違いに思い悩むかもしれません。病感のある人は、自分の状態に違和感を持っているでしょうが、それをしっかりと意識まではできていないので、なんとなく変だ、以前と違うという漠とした言葉にできない不全感を抱えていると考えられます。病識欠如の状態にある人は、周囲の人とのやり取りに齟齬を感じはするでしょうが、それが自分の障害に由来するとは考えることができないので、周囲に不信感を持ち、生活しづらさを感じると考えられます。

　職場において、障害のある人と一緒に仕事する場合は、その人の障害の程度や内容を知ることは重要です。同時に、障害のある人が自分の障害についての「病識」の有無を知っておくことが重要です。

障害のある人が病識を持てるかどうかは、障害の程度にも関連します。ゆえに、障害の内容と程度は、第一には、本人から直接語ってもらう機会があるのなら、本人から聞くことが大切です。併せて、本人の主治医（直接聞くことができない場合は、産業医などを通じて情報提供を行ってもらう）やジョブコーチ、家族などを通して、誤解なく理解しておくことが求められます。この点は、社員個々の努力だけではなく、会社が組織として配慮することが不可欠です（なお、高次脳機能障害の内容については、第1章に詳しいのでそちらを参照してください）。

（3）障害を受容することを考える

　高次脳機能障害は、中途障害なので、がんなどの大きな病気による後遺症や事故による身体障害もそうですが、健康な状態から障害のある状態になるということは、その2つの状態のギャップを体験することになります。そしてこれは、障害のある人が、その障害を受け入れる心理的な過程に関わるものになります。

　これを、障害受容のプロセスといいます。先述の病識と関連するところがあります。つまり、病気や障害について、知識として頭でわかることと、それが自分自身のことであると気持ちの上で納得することは別です。気持ちの上で自分の障害を納得していく心の動きが、障害受容のプロセスです。

　ただし、高次脳機能障害の場合、その障害の程度によっては、病識が乏しい人もいます。それは、自分が障害を負っているという認識が乏しいことにつながります。自分自身が中途障害となった岩井[7]は、「障害受容」とは何かと問い、「障害受容」という考え方は、障害者を支援する医療者などには有益であるが、自身の障害の経験を通し「患者・障害者にとってむしろ抑圧的に機能している状況をしばしば経験した」と述べています。そして、岩井はこれまでの「障害受容」の研究を振り返

り、障害受容の理論への批判を整理しています。その中で、「これらの理論を患者・障害者の多様な身体的・社会的状態に一律に当てはめようとすることに対する批判」があることを挙げ、身体障害へは当てはめられても、脳卒中の障害のある人に当てはめるのは困難であると指摘しています。その理由として「失語、失認、記憶障害などの知的機能に直結する後遺症を伴う脳卒中患者の場合、内省を深め自己洞察に至ることはもちろん、受容の前提となる障害の把握自体が困難」であると指摘しています。しかし、障害受容が進まないわけではなく、本人を取り巻く家族、職場、医療者などの周囲の理解と支援であることで、本人の障害受容を促進するとしています。

　岩井の指摘していることを整理すると、高次脳機能障害のある人の障害受容は、本人のみが行うものではなく、家族や職場の関係者、医療従事者が、本人の障害の状態を理解し、障害になった本人の状態を受け入れ、本人とともに、障害を受け入れていく作業を行うことといえます。

　高次脳機能障害の人の障害受容は、本人と周囲の人との二人三脚で進んでいくことが必要です。そのときに、障害のある本人が、直接詳細に自分の状態を説明してくれ、支援の必要なことを適切に語ってくれれば、それに越したことはありません。しっかりと発言できる人からは、直接気持ちを聴くことが必須といえます。しかし、自分の気持ちや状態をしっかりと表現できる人だけはありません。それは障害の程度にもよります。すると、周囲の人は、本人の心理的な変化をある程度想像できることが必要です。

　その参考となる考え方として、和田らによる「脳損傷による中途障害者の長期的な主体性回復のプロセス」を紹介します[8]。

　ここで取り上げられている主体性を和田らは「自分らしく生きるために、自分の意志・判断によって、みずから責任を持って決定または行動する態度や性質」と定義づけました。脳損傷の医療やリハビリに関わる専門家が集まり、彼らの治療や支援の経験をもとに、主体性回復のプロ

■ 図表2−5 主体性回復モデル

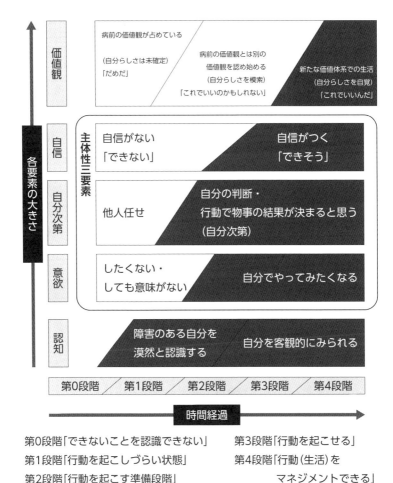

第0段階「できないことを認識できない」 第3段階「行動を起こせる」
第1段階「行動を起こしづらい状態」 第4段階「行動（生活）を
第2段階「行動を起こす準備段階」 マネジメントできる」

出典：和田慎一・長谷川幹（2019）脳損傷による中途障害者の長期的な主体性回復の
プロセス．Japanese Journal of Comprehensive Rehabilitation Science.
Vol.10、1-7

セスをモデルとして示しています。それを**図表2−5**に示しました。

　主体性回復段階が0段階から4段階に示されています。横軸の時間
経過に沿って示されているものです。それが「できないことを認識でき

ない」から「行動（生活）をマネジメントできる」です。これは行動を
キーワードに、障害者の回復につながる主体性の段階を示しています。
縦軸は、主体性にまつわる5つの回復軸です。これは、さきの5つの
段階を細かく示しているものです。その組合せが横軸と縦軸の中に描か
れている図になります。時間経過に沿って「障害のある自分を漠然と認
識する」から段階が上がっていくに従い、回復軸も推移していき、最終
的には「新たな価値体系での生活」に移行することを示しています。

　ただし、これは中途障害を負った本人個人の課題ではありません。和
田らは、「『自分らしく生きるため』という活動・参加に対する主体性が
大事であり、自らの意思であったとしても、過度に機能障害にこだわり
続けてしまうことは回復につながる主体性とは言えない」と指摘し、「そ
の特徴を捉え、周囲の人で共有でき得ることは、長期にわたる生活の回
復へ向け、一貫した対応につながるだろう。これは障害をみている現場
にとって役立つ」だろうと述べ、周囲の関わり方の大切さを指摘してい
ます。

　和田らの主体性回復のプロセスのモデルは、機能障害の回復に視点を
置きすぎることの危険性を指摘しているといえます。和田らが長期的な
主体性の回復を指摘している通り、本人が障害を抱えながら、自分らし
くある生活を考え、組み立て直すことが大切になります。単に、障害に
よって健康な頃と異なる自分を受け入れるだけではなく、障害を抱えな
がら自分の生活を立て直していくことが重要だといえます。家族を含め
て、障害のある本人を支える周囲の人が、その障害の内容や程度に考慮
しながら、どのような配慮を行い、どのような支援ができるかを、障害
のある本人と考えていくことが求められます。

　そこで、大切なことは、障害のある本人から話を聞くことです。障害
の程度により自分の状態を十分に語れない人もいます。その際は、保健
医療福祉の専門職の支援を得つつ、本人から本人の状態を教えてもらう
ことが欠かせません。

3　高次脳機能障害を有する本人への配慮

　ここでは、高次脳機能障害のある本人を支援する立場にある人、一緒に仕事をする人が、本人と関わる際に知っておくとよいこと、注意しておくことを取り上げて、説明していきます。

（1）障害のある本人の言葉に耳を傾ける

　障害のある本人からの発言として、ルポライターの鈴木大介氏の著書『脳が回復する』[9] を取り上げます。鈴木氏は 41 歳の時に脳梗塞を発症しました。身体機能障害はほとんどなかったのですが、高次脳機能障害が生じました。脳梗塞を発症した時の様子を中心に著した『脳が壊れた』がすでに出版されています。その続編として、生活復帰していく過程を著したものが『脳が回復する』です。ルポライターとしての文章力を活かし（この点は、あまり障害されなかったのか、回復したのか、よくわかりませんが）、ユーモアを交えながら、障害の特徴を当事者の視点から述べています。

　ここで興味深いのは、鈴木氏の脳梗塞による高次脳機能障害から来る症状を、鈴木氏の妻が即妙なネーミングをしていくことです。実は、鈴木氏の妻は発達障害を有する人です。DSM-5（アメリカ精神医学会による診断基準の第 5 版）でいえば「自閉症スペクトラム障害」の知能に問題のないタイプ、以前のアスペルガー症候群です。これは、高次脳機能障害による症状と自閉症スペクトラム障害による症状が類似していることを示しているといえます。また、本書のコラム（83 ページ、高次脳機能障害と認知症）に詳細が述べられていますが、認知症との関連も指摘されます。原因はそれぞれであれ、脳の障害によっていることは

類似するといえます[10]。

　障害特性は障害の部位による側面があります。しかし、共通する部分もあることから、発達障害や認知症の人の話も聞くことは、高次脳機能障害の人の理解の一助になるといえます。

（2）コミュニケーションの際の心得

　ところで、障害のある本人の言葉に耳を傾ける際に気をつける点があります。それは、コミュニケーション能力が障害を受けている場合があるという点です。コミュニケーションへの障害の内容や程度は、障害のある人それぞれで異なりますから、前述した通り、障害のある人の障害特性を知っておくことが必要です。

　障害特性を考慮せずに対応すると、端的な例として、相手に対して「わかるように言ってよ」とあなたは苛立ちを持ってしまいます。あなたの苛立ちは、障害のある人にプレッシャーとして伝わります。そのプレッシャーは、障害のある人に、焦り、不安、混乱、申し訳なさやうまく伝えられないふがいなさなど、ネガティブな感情を引き起こします。しかし、その感情は言葉として表現されないので、あなたには伝わりません。あなたには、障害のある人が黙ってしまうとか、さらに上ずったまとまりのない話をするとか、場にそぐわない言動などの対応で帰ってくるので、それがまた、あなたを苛立たせるとか、ビックリさせることになります。つまり、コミュニケーションの悪循環が生じていくので、そうならないようにすることが大切です。

　そこで、コミュニケーションの際の心得は、次の通りです。

・障害のある人は自分の思いをうまく伝えられないことを知っておく。
・コミュニケーションは相互関係から生じるものゆえ、相手だけを

責めない。
具体的には、
・本人の話を途中で遮らず、ある程度のところまで話を聞き、聞き手が理解した部分と理解できない部分を本人に伝えて、話の内容を確認する。

　この点は、障害の有無によらない、コミュニケーションの基本です。しかし、往々にして人は、自分は悪くなく相手が悪いと、相手に原因を押しつけやすいといえます。しかし、仕事では役職が上の立場の人がそれを行った場合は、パワーハラスメントになるので気をつけましょう。

　先ほど述べた、障害のある人が「黙ってしまう」「さらに上ずったまとまりのない話をする」「場にそぐわない言動をする」は、人によりますが、パニック状態にあるともいえます。パニック状態とは、自分で自分の気持ちをどのように整理したらいいのかわからない状態になっていることです。加えて、その状態に今自分がいるのだという自覚もなくなっている場合があり、何とかしなければと本人なりに現状に対応しようと考えている場合もあります。しかし、それが功を奏しておらず、はたから見ると上記の言動になっています。

　その際のコミュニケーションの心得は、次の通りです。

・「黙ってしまう」「さらに上ずったまとまりのない話をする」「場にそぐわない言動をする」はパニック状態にあると捉える。
・「落ち着きなさい」「慌てない」という言葉は、逆効果になる場合があるので、落ち着いてもらうためには、物事を進めるのではなく、一度休憩を入れて、場面状況を変える。

　なお、人によっては、パニック状態として乱暴な言動を周囲に発する、周囲の人の言動に反発する言動をする人もいます。これらは一見すると

パニック状態とは受け取れないと思います。しかし、障害の有無にかかわらず、人はときにこのような言動で自分の立場を守るとか、自分が困っている状況を打開しようとします。あとから冷静になって振り返れば、本人も不適切だったと思い返すかも知れません。しかし、そのときにはパニックのために自分を見失っているので、冷静に考えることができていません。このような場合も、やり取りを続けるとコミュニケーションの悪循環になりますので、一旦、場面状況を切り替えることが大切です。

（3）家族への配慮

　障害を負うということは、当の本人が一番大変なことです。一方で、人はひとりで生きているわけではありません。家族の中に障害のある人が生じれば、それは個人の問題にとどまらず、家族の問題になります。つまり、家族も障害を受け入れ、立ち向かうことが求められるようになります。

　障害となる元の病気や事故になったばかりの時は、家族はその生死を気遣います。一命をとりとめれば、「よかった」とその時点では安堵します。しかし、状態が安定していくにつれて、本人に残る後遺症、つまり障害の程度が医師から告げられ、明らかになると、本人の今後の生活や家族全体の今後の生活に不安を感じることになります。

　昨日までは、ごく普通に生活していたわけですから、医療保健福祉従事者でない限りは、障害を負うこと、それを抱えて生きること、家族としての対応の仕方といったことをわかっているわけではありません。わからない中で、目の前に生じてくる課題に対応しつつ、いろいろなことを知り学んでいくことになります。

　会社関係者の方が、一番はじめに、障害を負った後の本人や家族に関わるタイミングはさまざまかと思います。大切なことは、家族もいろいろと悩み、ときには混乱し、家族としての新しい生活を思い、苦悩し、

不安になりながら、本人の障害の受入れに取り組んでいる状況にあることを知っておくことです。

　特に会社関係者の方を目の前にしたとき、家族は、「本人が就労継続できるのか」「障害により以前の仕事ができないとすぐ退職しなければいけないのか」と思い、「確かにこのままでは迷惑をかけるので、退職もしかたない」とも考えます。一方で、退職で生じる生活費の確保に不安を持ちます。このような家族の立場に考慮することが求められます。

　次に、障害のある本人が、会社復帰をする際、復帰した後には、やはり「仕事ができているのか、会社でしっかりとできているのか」と心配します。その背景には、やはり仕事ができずに退職せざるを得なくなるのではないか、という不安があります。障害のある本人支援には、自宅での家族のサポート、家族からの本人に関する情報が必要ですから、家族と定期的に連絡をとり、連携していくことも必要です。会社の規模によりますが、人事担当や産業保健スタッフなどとも連携しながら対応していくとよいでしょう。

　障害のある人のみならず、その家族に配慮することも、間接的に障害のある本人への配慮になります。また、一時的に困難に直面している家族は障害者ではありませんが、その困難状態を考慮した配慮が必要な状態にある人と受け取ることも大切といえます。

（引用文献・参考文献）

1) 内閣府 "「合理的配慮」を知っていますか？"
   https://www8.cao.go.jp/shougai/suishin/sabekai.html
2) 外務省 "障害者の権利に関する条約（略称：障害者権利条約）（Convention on the Rights of Persons with Disabilities)"
   https://www.mofa.go.jp/mofaj/gaiko/jinken/index_shogaisha.html
3) 独立行政法人日本学生支援機構『合理的配慮ハンドブック 〜障害のある学生を支援する教職員のために〜』、2018 年、5 〜 11 頁 [柏倉秀克・川島聡「1. 法律と国の施策」]
   https://www.jasso.go.jp/sp/gakusei/tokubetsu_shien/hand_book/index.html　2019/11/07
4)『日本経営倫理学会誌』第 11 号、2004 年、97 〜 109 頁 [池田耕一「ＣＳＲ（企業の社会的責任）と企業戦略 ―コンプライアンス（倫理・法令順守）を中心に―」]
5) 高山文彦『水平記 ―松本治一郎と部落解放運動の一〇〇年〈上・下〉』新潮文庫、2007 年
6) マイケル・ホワイト、デイヴィッド・エプストン／小森康永訳『物語としての家族』金剛出版、1992 年、59 〜 99 頁
7)『淑徳大学総合福祉学部研究紀要』第 43 号、2009 年、97 〜 110 頁 [岩井阿礼「中途障害者の「障害受容」をめぐる諸問題 ―当事者の視点から―」]
8)『Japanese Journal of Comprehensive Rehabilitation Science』Vol.10、2019 年、1 〜 7 頁 [和田慎一・長谷川幹「脳損傷による中途障害者の長期的な主体性回復のプロセス」]
9) 鈴木大介『脳は回復する 高次脳機能障害からの脱出』新潮新書、2018 年
10) 粳間剛（原作）、仙道まなみ（まんが）『高次脳機能障害・発達障害・認知症のための邪道な地域支援養成講座』三輪書店、2017 年

ゆきぐに大和病院
宮永　和夫

高次脳機能障害と認知症

1. 高次脳機能障害とは何か

1）高次脳機能障害という名称はどうして誕生したか [1]、[5]、[7]

　きっかけは介護保険制度の制定に遡ります。介護保険は、年齢が65歳以上の高齢者を第1号、年齢が40歳から64歳までの対象を第2号と区別した基準があり、現在もその原則は続いています。第1号の対象は、疾患ないし障害がどのようなものであっても介護の対象となりますが、第2号の対象者は、「老化に伴うもの」の条件に合う疾患に限定されました。認知症はほぼすべて入りましたが、頭部外傷は含まれませんでした。このため、交通事故後の頭部外傷後遺症患者の家族の集まりであった日本脳外傷友の会（2000年4月結成、現在は日本高次脳機能障害友の会）が厚生省（当時）に要望書を提出したことから、私が主任研究者をしていた若年痴呆研究班が、急遽研究テーマの一つとして全国の高次脳機能障害患者の実態調査を厚生省から指示されました。そして、その研究班の結果を基にして、厚生労働省が頭部外傷だけでない、いわゆる介護保険に含まれない疾患も含めて「高次脳機能障害」という名称を用いて、モデル事業が開始されることになりました（厚生労働省は、2001年1月の中央省庁再編により、厚生省と労働省を廃止・統

合して誕生した省ですが、それまでは厚生省です）。

　なお、これらの流れと関連しますが、日本失語症学会（1983年発足）は2003年1月より日本高次脳機能障害学会に名称変更しています。ただ、高次脳機能障害には当初、失語症は含まれませんでした。この理由は、失語症は身体障害として以前より年金申請が可能だったためですが、現在は失語も高次脳機能障害の一部になっています。ちなみに、痴呆は2004年12月24日に認知症に名称変更されましたが、高次脳機能障害にまとめて1つの障害にしようとした動きもありました。

2）高次脳機能障害モデル事業

　「高次脳機能障害支援モデル事業」は、国立障害者リハビリテーションセンターを中心に、2001年より開始されました（**図表①**）。以降、2003年度までの3か年で、「評価基準」、「訓練プログラム」、「支援プログラム」を作成、2004年と2005年で「支援拠点機関の指定」、「支援コーディネーターの設置」、「担当機関の研修」を行い、2006年からは、都道府県の事業になりました。なお、介護保険制度が区市町村単位なのに対して、都道府県単位に留まったのは、行政であっても高次脳機能障害の名称すら知らない状況があり、対象者が市町村単位だと少人数に留まる可能性とともに、対応すべき行政組織が作られない可能性があったためと思います。これは、2017年度から開始された若年性認知症支援対策におけるコーディネーターの状況にも当てはまるかもしれません。なお、都道府県事業への移行と障害者自立支援法の成立の時期が同じなのは、偶然か意図的かはわかりません。

■図表①　高次脳機能障害モデル事業の流れ

◎ 2000 年　介護保険制度

◎ 2001 年〜 2005 年　高次脳機能障害モデル事業
　① 2001 年〜 2003 年（全国 12 か所＋国リハ）
　　・対象選定と追跡調査　・リハビリ効果判定　・診断基準の作成
　　・処遇体制（期間病院、ケア・コーディネーター）の提案
　② 2004 年〜 2005 年（同上＋α）
　　・施設・地域処遇事例の集積　・担当機関の研修
　◎支援普及事業＝ 2006 年から都道府県事業に移行
　　①地域支援ネットワーク
　　②人材育成研修
　　③広報啓発
　　④利用者への情報提供

◎ 2006 年 10 月　障害者自立支援法
　（2013 年 4 月　障害者総合支援法＝難病追加）

3) 高次脳機能障害の診断基準／判定基準 [2]、[6]

　高次脳機能障害の判定については、大きく 2 つの流れがありました。交通事故に限った高次脳機能障害の検討は、他の公的制度に先駆けて、自動車損害賠償責任保険（自賠責保険：運輸省、現国土交通省所管）が 2001 年から交通事故被害として認定するシステムを構築しました。その結果、この運輸省案とその後に作られた厚生労働省の診断基準と 2 つの基準ができたことになります。ただ、自賠責保険があくまでも「外

傷性脳損傷」に限定されるのに対し、厚労省は高次脳機能障害に関わる障害全体としている点が異なります。

　高次脳機能障害の診断基準は高次脳機能障害モデル事業の中で提案されましたが、興味深いことに、認知症の診断基準と特に異なることはありませんでした（**図表②**）。この結果、高次脳機能障害と認知症の鑑別ができずに、混乱した状態が現在もまだ続いているわけです。この理由は、診断基準を作成するメンバーは脳外科やリハビリテーション科などが多くを占めたこと、議論された疾患は外傷性脳損傷（76%）と脳血管障害（17%）が中心で、かつ急性期や回復期の状態の処遇を主としていたためと思います（私は診断基準を認知症と区別することと、リハビリもできずに生活困難な対象の処遇を含むように主張しましたが、この委員会内で私の意見は通りませんでした）。

■図表②　高次脳機能障害の診断基準（判定基準）

【Ⅰ．主要症状等】
1. 脳の器質的病変の原因となる事故による受傷や疾病の発症の事実が確認されている。
　　＊後天的な脳の損傷で、交通事故などの脳外傷、脳梗塞や脳出血などの脳血管障害、低酸素脳症、脳炎などがこれに該当します。
2. 現在、日常生活または社会生活に制約があり、その主たる原因が記憶障害、注意障害、遂行機能障害、社会的行動障害などの認知障害である。
　　＊脳の損傷により記憶の障害が生じ、必要なことを覚えられず日常生活や学業、職業生活などに支障が出る、感情のコントロールが

できず、対人関係がうまくいかなくなるなどの社会適応に問題が出ている場合です。脳に損傷があったとしても、家庭や社会生活で問題がない場合には高次脳機能障害とはいいません。

【Ⅱ．検査所見】

　MRI、CT、脳波などにより認知障害の原因と考えられる脳の器質的病変の存在が確認されているか、あるいは診断書により脳の器質的病変が存在したと確認できる。

【Ⅲ．除外項目】

1. 脳の器質的病変に基づく認知障害のうち、身体障害として認定可能である症状を有するが上記主要症状（I-2）を欠く者は除外する（失語など）。
2. 診断にあたり、受傷または発症以前から有する症状と検査所見は除外する。
3. 先天性疾患、周産期における脳損傷、発達障害、進行性疾患（アルツハイマー型認知症など）を原因とする者は除外する。

2.　高次脳機能障害と認知症の鑑別はどうするか

1）症状の経過による区別

　図表③に示したように、当初の症状（記憶障害、注意障害、遂行機能障害、失語・失行・失認などの巣症状など）は同じであっても、認知症では進行悪化し、高次脳機能障害では不変ないし改善するため、経過に

より区別できます。原則的に、脳への障害は強弱にかかわらず、他の組織と同様、侵襲があっても回復に向かうと私は考えています。

　認知症の場合は、脳細胞を傷害する物質（例えばβアミロイド）は蓄積することはあっても減少することは例外的で、脳細胞への持続的な侵襲が進行悪化の原因になると思っています。

　一方、高次脳機能障害は一度きりの脳への侵襲のことが多いため、不変（重度の傷害ないし部位による）、ないし改善（中等度や軽度の傷害）することになります。現実には高次脳機能障害も進行悪化する場合がありますが、その理由は、頭部への新たな侵襲で、再度の頭部損傷や脳血管障害の再発、アルコール多飲など有害物質の継続摂取、脳炎などの併発が考えられます。

■図表③　経過による高次脳機能障害と認知症の鑑別

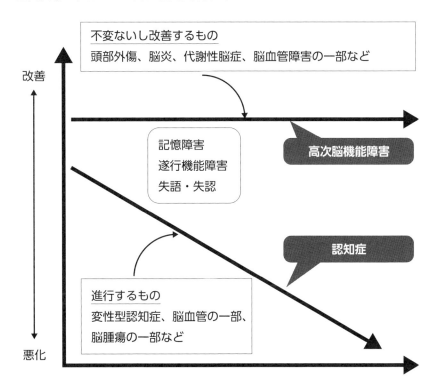

2) ICD 分類による区別（診断基準による区分）

　高次脳機能障害は、症状性を含む器質性精神障害に含まれますが、認知症（F00 〜 F03）とせん妄（意識障害：F05）を除いた領域のすべてを含むと位置づけられます（**図表④**）。いわゆる、認知症（診断基準を満たしたもの）でないものが高次脳機能障害というわけです。ただし、

この区分で問題を生じる疾患は、脳血管障害と思われます。認知機能低下がなければ単なる身体障害（片麻痺など）、認知機能低下があっても改善した状態では高次脳機能障害、認知機能が悪化して認知症の診断基準に達していれば血管性認知症になります。だとすると、薬物や非薬物治療により、血管性認知症が改善した状況になれば、高次脳機能障害に病名変更になるのでしょうか。この考えでいくと、アルツハイマー型認知症も、将来、根本的治療薬が出て症状が回復した状況では、高次脳機能障害になるかもしれません。

■図表④　ICD 分類による認知症と高次脳機能障害の鑑別

F00 － F09　器質性精神障害　Organic Mental Disorders

F00　アルツハイマー病の認知症

F01　血管性認知症

F02　他に分類されるその他の疾患による認知症
　　　ピック病、ヤコブ病、パーキンソン病の認知症、神経梅毒

F03　特定不能の認知症

高次脳機能障害

F04　器質性健忘症候群

F05　せん妄（意識障害）

F06　脳損傷、脳機能不全および身体疾患によるその他の精神障害

F07　脳疾患、脳損傷および脳機能不全による人格および行動の障害

F09　特定不能の器質性あるいは症状性精神障害

3）日本の社会保障制度での区別（原因による区分）

　認知症は介護保険の適用疾患ですが、脳血管障害を除く高次脳機能障害は老化に伴って発症するものでないため、第2号の介護保険（40歳から64歳）から除外されます。代わりに、障害に位置づけられて、障害者総合支援法の対象疾患になります。ただし、65歳以上の場合は、生活障害はすべて含むため、高次脳機能障害も介護保険の対象となります（**図表⑤**）。

■**図表⑤　介護保険による認知症と高次脳機能障害の鑑別**

原因となる疾患の種類 （我々の高次脳機能障害の基準）	厚生労働省の高次脳機能障害の診断基準の範囲	介護保険に含まれる特定疾病 （40歳〜64歳）
1．脳血管障害 脳出血、脳梗塞、くも膜下出血	○	○
2．血管性痴呆	×	○
3．頭部外傷	○	×
4．変性疾患 アルツハイマー病、前頭側頭型痴呆、パーキンソン病、ハンチントン舞踏病など	×	○
5．感染症・炎症 梅毒、脳炎、脱髄疾患（多発硬化症など）	○	×

6. 悪性新生物 脳腫瘍、転移性脳腫瘍、術後後遺症など	○	×
7. 代謝疾患 内分泌疾患、低酸素・無酸素症など	○	×
8. 中毒性疾患 薬物、アルコール、職業中毒	△（一部）	×
9. 遺伝性疾患 （※18歳以上になって発症した場合）	×	×

4）家族会での区別（頭部外傷の是非による区分）

　外傷性脳損傷の患者家族を中心に結成された日本脳外傷友の会は、当初、脳外傷を身体障害の範疇で捉えるべきと主張していました。これは、成り立ちと構成員からして当然のことと思います。

　しかし、高次脳機能障害の担当者の所属は厚生労働省内では障害保健福祉部（当時）だったのですが、身体障害の枠を変更することはかなわず、結果として融通性があった精神障害内に位置づけられました。日本脳外傷友の会は、高次脳機能障害のモデル事業以降は、脳外傷を精神障害と認めた（手帳や自立支援医療の利用という面で）ようですが、痴呆の名称変更の議論では、痴呆を高次脳機能障害に含めて統一することには反対しました。高次脳機能障害（特に外傷性脳損傷）は認知機能の低下が高度であっても、痴呆（認知症）ではないという立場だったからです。結果、痴呆は高次脳機能障害でなく、認知症へと名称が変更されました。

3. 外傷性脳損傷（TBI：Traumatic Brain Injury）に関する諸問題 3)、4)

> 1）びまん性軸索損傷では頭部 CT ／ MRI 画像で異常所見を見逃すことが
> あり、高次脳機能障害と認定されないことがある。

　脳損傷は、硬膜外血腫、硬膜下血腫、脳挫傷、脳内血腫などの局所性脳損傷と、びまん性脳損傷に区分されます。さらに、びまん性脳損傷のうち、受傷直後から 6 時間を超えた意識消失とともに、通常は明らかな脳組織の挫滅（脳挫傷）や血腫がない場合に、臨床的にびまん性軸索損傷と定義されています。これらの状態に見られる意識消失の原因は、広範囲の脳細胞レベルの損傷、実際には、軸索の断裂や伸展の結果といわれています。臨床症状としては、認知機能障害、情動・行動障害 と神経症状（小脳失調や中枢性運動麻痺）からなることが多いようです。しかし、ルーチンとして実施される頭部 CT や MRI では異常所見が見られないために、判定基準に合わず、高次脳機能障害と認定されずに問題になることが現在も続いています。

　ただ、早期の頭部 MRI での微小出血所見や期間をおいた頭部 MRI 検査所見の比較での脳萎縮の進行など、さらには脳梁断裂や血管走行の異常が見られることがあり、詳細に検索すれば高次脳機能障害の診断がつけられると思われます。

> 2）軽度外傷性脳損傷（MTBI:mild traumatic brain injury）では、意識
> 消失の有無と画像所見の異常の有無が明確でないために、高次脳機能障
> 害に認定するか否かの議論が続いている。

意識障害が 6 時間以内、または意識障害がまったくないものの、精神症状や自律神経症状が認められるものを MTBI といいます。認知症の前駆状態には、SCI（Subjective cognitive impairment）や MCI（mild cognitive impairment）という概念がありますが、高次脳機能障害と異なるところは、SCI や MCI はいずれ認知症に進展することです。しかし、MTBI ではそのまま変化せずに同じレベルを維持したり、または改善することがあります。頭部 CT/MRI の形態画像、頭部 SPECT/PET による機能画像、さらには MRI 拡散テンソル画像でも異常所見を確認できないことも多く、2018 年の自賠責保険の報告書では引き続き事案ごとの検討が必要という結論になっています。

ただし、労災保険では 2013 年に、画像所見が認められない高次脳機能障害につき 14 級 9 号の認定可能性を認める旨の通達（厚生労働省 2013 年（平成 25 年）6 月 18 日付基労補初 0618 第 1 号）が出たため、自賠責保険においても 2018 年 5 月に見直しの報告書が出て、2018 年 7 月より MTBI を審査・認定の対象とする旨の運用が始まりました。なお、MTBI に関しては、歴史的に見ると、賠償神経症、詐病、ヒステリー、うつ、老化などと診断された例も多く、今後の偏見のない科学的な検討が必要と考えられます。

4. 今後の望ましい流れ（私見）

高次脳機能障害をどの障害に組み込むべきかについては、最初の時点から議論がありました。結果として、身体障害と知的障害の関係者ない

し組織・団体は、新しい障害を自らの範疇ないし管轄にすることを嫌がり、精神障害に押し付けることになりました。脳外傷友の会からは高次脳機能障害は認知症でないこと、身体障害を伴うので身体障害として扱うように要望が出されたものの、その願いは叶いませんでした。制度として、精神障害者保健福祉手帳と通院公費負担制度の利用を受け入れて現在に至っていますが、今でも本当の思いは計り知れません。

　私も、高次脳機能障害と認知症は、身体障害に含めるか、別枠の第四の障害とすべきだろうと提案してはみましたが、3つに分けられた障害の壁を崩すことはできませんでした。単純に考えれば、高次脳機能障害を身体障害という位置づけは正当なものと思います。脳は身体内に鎮座する紛れもない臓器だからです。臓器である心臓や腎臓が障害を受け、ペースメーカーや透析に進むと身体障害1級という扱いになっています。

　高次脳機能障害に見られる問題は、①各ステージ（急性期、回復期、慢性期など）で担当する医師が異なり、1人の医師が最初から最期まで対応せず、いろいろな科（脳外科→リハビリ科→精神科／かかりつけ医）を転科するために、一貫性のない治療や対応になったり、こぼれ落ちて医療から離れてしまうことや、②利用可能な社会保障制度の書類記載義務を医師が果たさずに、申請や利用の機会を失うことです。具体的には、自立支援医療（通院公費制度）や精神障害者保健福祉手帳の申請は可能なのですが、通院する医療機関から利用を勧めないままに治療を受けていることが多いのです。

　さらに、精神障害用の年金書類についていえば、統合失調症やうつ病、てんかんなどの患者には記載しやすいかもしれませんが、認知症と高次

脳機能障害には適さない書類の内容です。高次脳機能や認知症にみられる症状や生活障害の内容や程度を書くところがないのです。また、精神障害用年金書類はほぼすべての医師が書くことができるのですが、医師が書き方を知らなかったり、本人や家族にその制度の存在すら伝えていないこともあります。書類の内容を変えることはそれほど難しくないと思います。是非、高次脳機能障害の本人や家族とともに、医師のためにも、記載項目の変更を早急に実現してもらいたいものです。

（参考文献）

1) 若年痴呆研究班編『若年期の脳機能障害介護マニュアル』ワールドプランニング、2000 年
2) 若年痴呆・高次脳機能障害研究班執筆、宮永和夫監修・代表執筆『最適ケアを実現する高次脳機能障害アセスメントブック』日総研出版、2004 年
3) 「自賠責保険における高次脳機能障害認定システム検討委員会」報告書、損害保険料算出機構ホームページ［脳外傷による高次脳機能障害の後遺障害認定］https://www.giroj.or.jp/cali_survey/brain.html
4) 自賠責保険における高次脳機能障害認定システム検討委員会の報告書及び概要2018 年 5 月、損害保険料算出機構
5) 『高次脳機能障害認定システム確立検討委員会報告書』2000 年 12 月 18 日［「自賠責保険における高次脳機能障害認定システムについて」］、損害保険料算出機構
6) 『高次脳機能研究』第 26 巻 3 号、2006 年、263 〜 273 頁［中島八十一「高次脳機能障害支援モデル事業について」］
7) 『リハビリテーション研究』第 116 号、2003 年、27 〜 32 頁［特集 外傷性脳損傷における高次脳機能障害；中村健二「高次脳機能障害支援モデル事業の目的と創設の経緯」］

第 3 章

障害者雇用における
高次脳機能障害

（石井 京子）

1 高次脳機能障害のある方の状況

　筆者は長年、障害者雇用に関わる幅広い活動の中でも、見た目には障害や疾患のあることがわからない発達障害のある方や難病患者の就労支援に数多く携わってきました。発達障害のある方の特性は個々に異なり、十人十色、百人百様であることが発達障害の理解を難しくしてきましたが、昨今では発達障害のある方の感覚過敏や各々の特性に対する理解が広がり、個々の特性への適切な対応方法も知られるようになってきたと感じています。

　そのような中、高次脳機能障害についての理解はまだ十分に進んでいないと感じています。高次脳機能障害とは、脳卒中や事故による脳挫傷など、さまざまな原因によって脳に損傷をきたしたために起きる障害です。高次脳機能障害の原因となる脳卒中（脳梗塞、脳出血、くも膜下出血）は 60 ～ 70％を占め、次いで脳挫傷、低酸素脳症、脳腫瘍、脳炎などの感染症があり、身体の麻痺などとは別に、知覚、記憶、学習、思考、判断などの認知機能全般や情緒面などに不具合があることをいいます。

　そのため高次脳機能障害も発達障害と同様に見た目にはわからない障害で、個々の状況が異なり、障害の程度が重度である方から、軽度で職場復帰を果たす方まで幅広いということからも、高次脳機能障害全体としての捉え方が難しく、社会での理解はまだ不十分です。

　高次脳機能障害では手足の麻痺や失語などの症状が出ますが、その影響は身体だけではありません。影響は多岐に渡り、障害の状況と程度も個々に異なります。手足の麻痺や明らかな言語障害があれば周囲も気づきますが、身体的障害以外の部分は見かけからはわかりません。会話を交わす中で、これまでと様子が異なり、何だかおかしいと思われるよう

になります。

　例えば、脳血管疾患や交通事故やスポーツ中の転倒などの脳外傷の重篤な状態から脱し、身体に障害は残っていないようなので大事にならなくてよかったと思っていたら、本人の様子が以前とはずいぶん違ってしまったということから、何か事故の影響が出ているのではないかと気づくことがあります。周囲だけでなく本人自身も障害に気づきにくいため、今までと同じように生活ができない、家族・周囲の人たちとなぜかわからないがうまく付き合えないといった状況が生じてしまうことがあります。高次脳機能障害の診断は、①本人および家族などが語る症状、②神経心理学的検査③画像検査を行い、現在表れている高次脳機能障害が病気や脳外傷によって引き起こされた脳の損傷によるものなのかどうかが見極められます。

　高次脳機能障害者数は、厚生労働省の生活のしづらさなどに関する調査（全国在宅障害児・者実態調査、2016 年）によれば、32.7 万人と推定されます。65 歳以上の認知症の人が約１９０万人、失語症は 30 万〜 50 万人といわれていますから、少ないとはいえない数です。

　高次脳機能障害の特徴の中で、感情面で衝動性があり感情を抑えるのが難しいこと、注意障害、記憶障害、遂行機能障害は、発達障害の特徴と非常に似ていますが、発達障害は脳機能のアンバランスさと偏りにより生じる障害であるのに対し、高次脳機能障害は後天的な病気や怪我により生じる障害です。

　高次脳機能障害のある方の中でも、「以前はできたことができなくなった」という事実をすぐに認識できない方は多くいます。「自分は何も問題ない」「受傷あるいは疾患の前と何も変わらない」と思っている方も少なくないため、病気や怪我を経験する前と同じような高いレベルの能力を必要とされる業務に復帰しようとする場合があります。このような

場合、障害を気づかせようとする周囲の説得に対し、本人はイライラして反発しますので、双方が大きなストレスを抱えてしまうことになります。

　一方、病気や怪我により、以前はできていたことができなくなってしまったという本人の自覚があったとしても、「できない」という事実を指摘されることによるストレスは大きいものでしょう。高次脳機能障害のある方との接し方を考える上で、一緒に働く方、支援者の方、それぞれがより理解を深めていく必要があります。

　また、障害はある程度年数が経過すると固定したものと考えられがちです。しかし、ゆっくりですが、回復していくものもあります。高次脳機能障害の場合、症状として似ている認知症の記憶障害とは、進行性であるかどうかという点で違いがあり、必ずしも状態が悪くなるばかりとはいえません。

　筆者は、身体・知的・精神障害のある方々の就労相談を受ける中で、高次脳機能障害のある方の就労相談も受けてきました。高次脳機能障害を持ち、障害者雇用で就職する方も増えてきていると感じます。

　しかし、長年、障害者雇用の実績のある特例子会社で社員の支援に関わる方々でも、高次脳機能障害のある方の雇用についての難しさを口にすることがあります。障害者雇用に長く取り組み、豊富な経験のある支援者でも、高次脳機能障害についての知識と理解がまだ十分に行きわたっていないと感じるのが実情です。

　実際に職場に復帰した高次脳機能障害のある方もいますし、これから社会復帰して就労したいと考える高次脳機能障害のある方は少なくありません。こうした現状から、職場に復帰した高次脳機能障害のある方が職場に慣れていくためには、より一層、周囲の理解が必要です。

　高次脳機能障害を理解することは、さまざまな障害に関する知識の中

でもさらに、脳機能という日頃聞きなれない専門的な知識にも関わることになります。さらに、当事者一人ひとりの状況を把握し、適切な対応をとることが必要な管理者・支援者にとって、大変難易度の高い指導や支援が求められるわけです。

　障害者雇用の現場では個々の障害を理解し、臨機応変に配慮ある行動をとることができるスーパー上司、スーパー支援者の存在が何よりも求められていますが、どこの職場にも潜在的に柔軟な発想を持ち、しなやかな考えを持つ方がいますので、そのような方であればいとも簡単によき理解者となってくれるのではないかと思います。一般的には、知識・理解を持つことがもっとも難しいと思われている高次脳機能障害の知識を持つことは、その他の障害を持つ方にも適切に対応できることを意味するもので、今後そのような対応のできる人材がさらに増えていくことを願っています。

2　障害者の雇用状況

　2019年4月9日に障害者雇用状況の集計結果（2018年（平成30年）6月1日時点）が報告され、雇用障害者数は53万4,769.5人で対前年7.9％（3万8,974.5人）の増加、実雇用率は2.05％で対前年比0.08ポイント上昇と、雇用障害者数、実雇用率ともに過去最高を更新しました（**図表3−1**）。2018年4月に民間企業の法定雇用率が2.2％へと引き上げられましたが、2021年までにはさらに0.1％の引上げが予定されています。

　厚生労働省発表の『平成30年度ハローワークにおける障害者の職業紹介状況』（**図表3−2**）では、新規求職申込件数は21万1,271件で対前年度比4.5％の増加となり、また就職件数は10万2,318件で対

前年度比 4.6％の増加となりました。そのうち精神障害者の就職件数は4万8,040件（6.6％増）と、近年増加の傾向が続いています。障害特性や制度の枠組から、この精神障害者の中には主なメンタル疾患に加え、発達障害者や高次脳機能障害者も含まれているものと思われます。

■ 図表3−1　障害者雇用率の推移

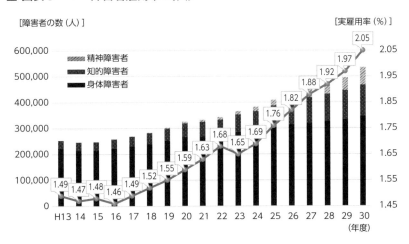

出典：厚生労働省「平成30年障害者雇用状況の集計結果」を基に作成

■ 図表3−2　平成30年度ハローワークにおける障害者の職業紹介状況

	新規求職申込件数		就職件数	
		対前年度 （前年度比）		対前年度 （前年度比）
身体障害者	6万1,218件	685件増 （1.1％増）	2万6,841件	85件増 （0.3％増）
知的障害者	3万5,830件	88件増 （0.2％増）	2万2,234件	1,247件増 （5.9％増）
精神障害者	10万1,333件	7,632件増 （8.1％増）	4万8,040件	2,976件増 （6.6％増）

2018 年、中央省庁が障害者雇用数を水増ししていた問題が発覚し、最終的に国の 28 の行政機関で 3,700 人分が不適切に算入されていたことが判明しました。法定雇用率を達成するために、2019 年末までに約 4,000 人分を採用する計画が立てられ、2019 年 2 月に障害者だけを対象とした初めての国家公務員試験が行われました。6,997 人が受験し、そのうち全省庁で 676 人が合格しましたが、人事院などが各省庁に対し、採用増の検討を求め、最終的に 754 人が合格しました。

　合格者の障害別の内訳は、精神が 432 人、身体が 319 人、知的が 3 人となっています。国家公務員試験への応募者の中には、民間企業での就業者も多かったと推測されます。民間企業で就業している障害者が国家公務員に転じることで、民間企業の障害者雇用率が下がってしまうと、全体としての障害者雇用率の上昇にはつながりません。法定雇用率の引上げおよび中央省庁での大量採用の影響も大きいため、精神・発達障害者の雇用の増加傾向はこれからもしばらく続くでしょう。

　このような状況では、長年の障害者雇用の経験のある企業も、今まで障害者雇用の経験のない企業も、今後は経験したことのない採用活動の厳しさの中で障害者雇用に取り組むことになります。これまでの障害者雇用は身体障害者の採用が中心でしたが、近年のハローワークを通じた職業紹介状況を見ると、身体障害者の就職件数は横ばい状態にあり、雇用しようとしても簡単には見つけられない域に向かおうとしています。半面、精神・発達障害者の就職件数が急激に増加していることから、この数年間で精神・発達障害者の就労に関する理解と啓発が著しく進んできていることを物語っています。

◎ 高次脳機能障害のある方が取得する障害者手帳の種類

　高次脳機能障害については第 1 章でも医療の観点から解説されていますが、交通事故や転倒などによる外傷性脳損傷や脳血管障害などにより

高次脳機能に障害が出た場合、日常生活や社会生活に制約があると診断されれば、障害者手帳の申請対象となります。高次脳機能障害に特化した障害者手帳というものはありませんので、当事者の状況に合わせて身体障害者手帳、あるいは精神障害者保健福祉手帳を取得する方がいます。発症（受傷）が18歳未満で、自治体が指定する機関において知的障害と判定された場合は、療育手帳の申請対象となります。

　このどれかの手帳を保有していると、企業などの障害者雇用の法定雇用率の算定対象になりますので、障害者対象の求人に応募することができます。

① 身体障害者手帳
　手足の麻痺や音声・言語障害があり、身体障害者障害程度等級表に該当すると、身体障害者手帳の申請対象となります。

② 精神障害者保健福祉手帳
　記憶障害、注意障害、遂行機能障害、社会的行動障害などの認知障害により、脳の器質的病変の存在が明らかになった場合、「器質性精神障害」として、精神障害者福祉手帳の申請対象となります。

③ 療育手帳
　通常、知的機能の障害が発達期（概ね18歳まで）に現れ、日常生活に支障が生じているため、何らかの特別の援助を必要とする状態にある方が対象となります。

　厚生労働省の2016年の調査（生活のしづらさなどに関する調査（全国在宅障害児・者等実態調査））によれば、医師から高次脳機能障害と診断された方の数は32万7千人と推定されています。そのうち、障害者手帳保持者の割合は66.4％となっていますので、21万7千人の方

が身体障害者手帳もしくは精神障害者保健福祉手帳のどちらかを持っていることが推測されます。

　高次脳機能障害の診断を受けた方がこれだけの数に及んでいるにもかかわらず、その障害の状況や困り事についてはまだよく知られていません。高次脳機能障害の影響は多岐にわたり、障害の状況も個々に異なります。手足の麻痺や明らかな言語障害があれば周囲も気づきますが、身体的障害以外の部分は見かけからは状況がわかりません。交通事故や脳卒中などの後で、対人関係に問題を生じるなど、生活への適応が難しくなっている場合も高次脳機能障害が疑われます。

　また、周囲だけでなく本人自身も障害に気づきにくいため、「今までと同じように生活ができない」「家族・周囲の人たちとうまく付き合えないのはなぜだろうか？」といった状況から、障害の存在が判明していくことがあります。

3　リハビリテーションの必要性

　高次脳機能障害においてはリハビリテーションが非常に重要です。例えば、高次脳機能障害の原因の一つである脳卒中では、リハビリテーションによって麻痺が回復することがあります。脳卒中に関しては急性期以後、発症より180日間を回復期といいます。この時期は個々の高次脳機能障害に合わせたリハビリテーションを集中的に行います。リハビリテーションは、麻痺の回復のためだけではなく、装具が必要な場合に、装具を着用しての歩行訓練や日常生活における訓練、その後の家庭復帰や職業復帰のための準備と環境調整も含めて、並行して行います。高次脳機能障害を持つことになった方の不便さを軽減し、本人のＱＯＬ（quality of life ＝生活の質）を高めていく取組みが進められています。

実際のリハビリテーションは、発症時期や発症からの経過、障害の種類や重症度、本人の性格、社会的背景などにより、どの方法をどのような配分で活用していくかは個人によって異なります、検査を行い、障害の影響を受けた能力だけでなく、保たれている能力も把握します。その結果をもとに、「見えない障害」である高次脳機能障害の影響を本人・家族や周囲の方に理解してもらい、リハビリテーションの方針を決めていきます（図表３－３）。高次脳機能障害に対するリハビリテーションは、認知リハビリテーションと呼ばれることが多くなっています。主として医療機関の中でも回復期リハビリテーション病院で行われます。生活訓練と職能訓練は、医療機関を離れてから障害者支援施設等で実施されます。

■ 図表３－３　リハビリテーションの流れ

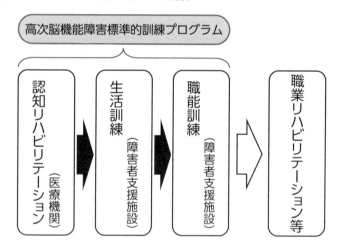

高次脳機能障害標準的訓練プログラム

認知リハビリテーション（医療機関）

生活訓練（障害者支援施設）

職能訓練（障害者支援施設）

職業リハビリテーション等

（1）リハビリテーションの種類

　発病もしくは受傷後、入院中の病院でリハビリテーションが行われます。理学療法士、作業療法士、言語聴覚士などの国家資格を持つ専門家

の指導によりマンツーマンで実施されますが、患者の心身の状態などに応じて、理学療法、作業療法、言語聴覚療法を組み合わせた、個別のプログラムが行われます。

① 理学療法（physical therapy）

　身体に障害のある者に対し、主として移動能力などの基本的動作能力の回復を図るため、治療体操その他の運動を行わせること、および電気刺激、マッサージ、温熱その他の物理的手段を加え、痛みの軽減や可動域の制限の改善を図ることをいいます。高次脳機能障害では、運動機能障害により動作が緩慢かつ上手くできなくなり、日常生活に支障が出ます。これらの障害に対してリハビリを行い、基本動作能力の向上を図ります。

② 作業療法（occupational therapy）

　病気やケガなどで身体に障害や不自由さを抱える人に対し、生活する上で必要な機能の回復、また、作業を通して心のケアを行います。

　リハビリテーション訓練のうち、主に巧緻性、日常生活動作（食事・更衣・移動・排泄・整容・入浴などの生活を営む上で不可欠な基本的行動）、上肢の運動機能、高次脳機能の向上を目的としたリハビリです。自宅復帰や職場復帰にあたっては、患者本人や家族が障害について正しく理解し、適切な対応ができるように他職種とも連携しながら、交通機関の利用、復職、復学、車の運転などの評価を行い、周囲への情報提供や指導を行って環境を整えます。

③ 言語聴覚療法（speech and language therapy）

　病気や交通事故などにより言語、聴覚、発声、発音の機能が損われると、言葉によるコミュニケーションの問題が生じます。言葉によるコミュニケーションに問題を生じた方、食べたり飲んだりすることに問題を生

じた方に、専門的な評価、訓練や指導を行います。脳梗塞などの脳血管性障害による失語症や運動障害性構音障害（ロレツが回らないなど）を持った方々に対しては、言語機能の改善を図るための訓練を行い、家族や周囲の方々とのコミュニケーションがスムーズに行えるよう援助していきます。

（2）代表的な症状

　入院中にリハビリテーションを受け、さまざまな専門家のサポートを得ながら生活に必要な身の回りのことなど、自分でできることを増やしていきます。入院中は２４時間の生活そのものがリハビリテーションとなります。身体面の麻痺に関しては、リハビリテーションによりある時期から目覚ましい回復が見られる人もいますが、高次脳機能障害はすぐに回復するようなものではありませんので、長期にわたり機能訓練を行います。代表的な症状は図表３－４の通りです。

■ 図表３－４　高次脳機能障害の代表的な症状

障害の症状名	症　状
注意障害	すぐに飽きる、集中力が続かない
遂行機能障害	段取りが悪い、優先順位がわからない
記憶障害	新しいことが覚えられない
失語症	言葉が出てこない、話を理解できない
半側空間無視	左側の空間を見落とす
地誌的障害（地誌的見当識）	道に迷う、地図が読めない
失認症	顔がわからない、 物品の使い方がわからない

半側身体失認		半身の麻痺がわからない
失行症		服が着られない、 物品の使い方がわからない
社会的行動障害	抑うつ状態	気分が落ち込む、元気がない
	幻覚妄想	実際にないものが見える、聞こえる
	興奮状態	些細なことで興奮・激高する
	意欲障害	やる気がない
	情動障害	暴言、暴力、衝動的言動
	不安状態	心配、怖がる
	その他	特定のものにこだわりが強い

　脳の損傷部位や程度により、症状の程度や現れ方が異なります。複数の症状を合わせ持つことが多いですが、本人のできること、できないことを確認し、訓練により代償手段を獲得する、メモをとったり、日記をつけることで記憶の低下を補う、アラームを使用して時間の管理を行うなど、さまざまな工夫をします。

（3）高次脳機能障害の症状と具体的対策

① 注意障害

　仕事に集中できないなどの「注意の持続困難」や、声かけに適切に対応できないなどの「注意の分配困難」があります。

　【主な症状】

・ボーッとしている。

・コンロの火を消し忘れる。

・周囲の音や会話が気になって仕事に集中できない。

【対策】

・注意を維持できる時間内で作業を終えます（50分作業したら10分休憩するなど）。

・作業はできるだけ静かな場所で行います。

② 記憶障害

　記憶障害は脳損傷に伴う後遺症としてよく見られ、脳損傷を発症する前のことは憶えているのに、発症後は新しいことを覚えることが非常に苦手になります。過去に経験したことは憶えているのですが、最近のことが思い出せない、約束ができないなどの現れ方をします。

【主な症状】

・昨日どこに行ったか覚えていない。

・1日の予定を覚えられない。

・約束を守れない、忘れてしまう。

・新しい出来事が覚えられない。

・何度も同じことを繰り返し質問する。

・自分のしたことを忘れてしまう（大事なものをどこにしまったかわからない）。

・作業中に声をかけられると、何をしていたか忘れてしまう。

・人の名前や作業の手順が覚えられない。

【具体的対応】

①新しいことを覚えるには

　・一度に覚える情報を少なくし、反復・復習して、覚えます。

　・体を使って繰り返し行う練習方法が効果的です。

②環境調整

　・1日の日課を決めます。

　・いつも使う物は置く場所を決めて、使ったら戻す習慣をつけます。

・大切な約束や予定は目に付く場所に書いておくようにします。

③記憶を補完するツールの活用

・情報の記録：ノート、カレンダー、ホワイトボード、IC レコーダー

・行動開始を知らせる：タイマー、目覚まし時計

・スケジュール管理：スケジュール帳、携帯電話のスケジュール機能

③ 遂行機能障害

　遂行機能障害は実行機能障害ともいわれます。論理的に考え、計画し、問題を解決し、推察し、そして、行動するといったことができません。また、"自分のした行動を評価したり、分析したりすることができない"状態となります。そのため、自分で手順を決めて作業を行うことは困難ですが、人から指示を受けたり、手順を示すマニュアルがあれば比較的その通りに実行できます。

【主な症状】

・自分で計画を立てて実行することができない。

・指示してもらわないと何もできない。

・言われたことしかできない。

・これまでと違う仕事の依頼をするとできない。

・約束の時間に仕上がらない。

・仕事が約束通りの内容に仕上がらない。

・効率よく仕事ができない。

・物事の優先順位をつけられない。

・指示を正しく理解せず、誤った行動をする。

・間違いを次に生かせない。

・何かを始める意欲の低下。

・見通しがつかず不安でいっぱい。

【具体的対応】

①行動がスムーズに行えるようにするために

・仕事の内容を順序立てて掲示します。

・作業の工程を単純化し、１つずつステップを刻みながら次に進むようにします。

・指示は、具体的に、ポイントをわかりやすく伝えます。

・指示の理解度を確認し、復唱やデモンストレーションを行います。

②環境調整

当事者が落ち着いて過ごせる環境を用意します。刺激要因としては、部屋の広さ、室内の人数、部屋のレイアウト、室内の明るさなど、さまざまなものがあります。当事者が安心して落ち着いていられるように刺激の要因となるものを極力減らします。一般の方には気にならないようなレベルのことも当事者にとってはストレスの原因となりますので、ストレスを感じることで心身ともに疲労してしまうことのないように環境を整えます。

④ 半側空間無視

損傷した大脳の部位とは反対側の刺激に反応せず、眼の前の空間の半分に注意がいかない障害です。大半は右側の大脳の損傷により、左側に気づかなくなる「左半側空間無視」が大半だそうです。

【主な症状】

・食卓の左半分のおかずの存在がわからずに食べ残す。

・片側にあるものだけを見落とす。

・移動中、左側にあるものに気づかずぶつかる。

【具体的対応】

・全体を見渡す習慣をつけます。

・行動するときは言葉に出しながら行うようにします。

・部屋の入り口や作業の動線に目印をつけ、本人が注意を向けやすくします。

⑤ 社会的行動障害

　自分の行動や感情をコントロールすることの障害です。感情については喜怒哀楽のあらゆることに対して感情のスケールが大きくなり、言葉や表情にも出てしまいます。一度感情が大きくなると堰を切ったように溢れてしまうので、それを抑えるのは困難です。感情の脱抑制が高次脳機能障害の特性の一つでもあります。感情と同様に、言葉のスピードもコントロールできなくなることがあります。

【主要な症状】

　・やる気がない、元気がない。

　・すぐに怒ったり、笑ったりと、感情のコントロールができない。

　・無制限に食べたり、お金を使ったり、欲求が抑えられない。

　・態度や行動が子供っぽくなる。

　・場違いな行動や発言をしてしまう。

　・後先のことを考えずに行動してしまう。

【具体的対応】

①やる気がない、自分から何かを始められない場合（意欲の低下）

　・本人に対して「なまけている」と言わないようにします。

　・行うべき活動や仕事のチェックリストを作って、具体的に示します。

②感情のコントロールができない場合

　・不適切な行動に対しては怒ったり、叱ったりせず、はっきり指摘するようにします。

　・興奮している時は無理やり鎮めず、静かな場所へ移動します。席を外したり、課題を変えてみます。

　・時間を置き、視点を変えて話をします。

③行動のコントロールができない場合

　・何かを始める前には、自分で落ち着いて考える習慣をつけます。

　・問題行動のきっかけになっている原因を探し、避けるようにします。

⑥ 失語症(しっご)

　失語症とは、言語を制御する脳領域の損傷が原因で起こる言語機能の障害で、会話や文字でものごとを表現したり、理解したりする能力が部分的または完全に失われる障害です。失語がある人では、言語による表現や言語の理解が困難になりますが、その特徴と現れ方の程度はさまざまです。

　具体的には、「聞いて理解すること」「話すこと」「書くこと」「読むこと」「計算」のすべてが病前に比べ多かれ少なかれ低下します。低下の度合や症状も人によって異なります。ショックやストレスなどから言葉が出ない心理的な障害とは異なります。

⑦ 聞くこと（聞いて理解すること）の障害

◉理解障害

　聴力には問題がありませんが、言葉を聞いて理解する力が低下します。難聴とは違い、言葉は聞こえていても、言葉を聞き分けることはできません。軽症例から重症例まで個々に状態は異なりますが、相手が何を言っているのか理解できないため、質問に正しく答えられないことがあります。物の名前や言葉を聞いても、それが何であるのかわからないですが、音としては聞きとっているという人もいます。言われた言葉はメモに書きつけますが、音だけで聞きとっているのでカタカナによる表記となり、漢字への変換ができない人もいます。また、話の内容が複雑になったり、話題が急に変わったりすると理解するのが難しくなります。理解力が弱くても、日常会話はその場の状況から判断できる方もいるため、障害が目立ちにくい場合もあります。

⊙言語性短期記憶障害（人が言った言葉を覚えていられない）

　情報を保持しそれを操作しようとするとき、脳では「ワーキングメモリ（作業記憶）」が働いています。耳から入った言葉を一時的に記憶することについての障害です。

⑧「話すこと」の障害

　麻痺によりロレツが回らないなどの症状が出ることがありますが、麻痺症状は別にして、上手く話せなくなります。日常生活にさほど不自由のない軽症例から、他の人に意思を伝えられない重症例まで程度はさまざまですが、意図した言葉を上手く話せなくなります。

⊙喚語困難（言いたい言葉が出てこない）

　よく知っているいくつかの物を示されても、失語症のある方は言いたい言葉が見つかりません。頭の中ではイメージし、状態を説明することができても、その正確な名称を言いあてることができません（例：りんご →「あの赤くて甘い物」など）。

⊙錯誤

　言いたい言葉が目的の言葉とは別の言葉や音になってしまいます。

⊙ジャーゴン（jargon）

　話すことが支離滅裂で、意味不明な状態となります（失語症の症状の一つ）。

⊙残語

　「そうだ」「だめ」など、限られたいくつかの言葉が繰り返し出てきます。

⊙保続

　同じ言葉が何度も繰り返されることをいいますが、最初の質問に対する答えを、その後、違う質問をしても繰り返します。

⊙迂回表現

　　言いたいことばが出ず、迂回した言い回しをします。

⊙その他

　　このほかに、「てにをは」などの文法がうまく使えない（失文法）、
助詞（「が」「は」「を」など）の使い方を間違えたり、抜いてしまう
ことがあります。字が読めない（失読）、文字が書きにくい（失書）、
計算ができない（失算）など、さまざまな症状があります。

⑨「読むこと」の障害

　　文字や文章を声に出して読むことと読解能力（書いてある内容を読み
とる力）は別の力です。音読ができても内容の理解が困難であったり、
声に出して読めなくても内容の理解ができる場合があります。読解に関
しては、仮名文字の理解が難しく、漢字のほうが意味を理解しやすい傾
向があります。ひらがなだけの絵本よりも新聞の見出しや写真入りの雑
誌などのほうが内容を理解するのに適している方が多いようです。

⑩「書くこと」の障害

　　書く能力も話すことの障害と同様に特徴的な症状が見られます。

・文字が書けない。

・言葉が浮かばない、文字が思い出せない。

・書き誤まる。

【特徴的な症状】

・失書：意図した文字が書けない。

・錯書：誤った文字となってしまう。

⑪ 計算ができない

・加減乗除（＋－×÷）ができない。

・繰上げや繰下げがわからなくなる。

⑫ 相手の話が理解できない

　単語、句、または文を復唱する能力の喪失（伝導失語）です。伝導失語がある患者は、聞いたことを復唱できません。しばしば誤った言葉を用いたり、意味のない言葉の組合せを用いたりします。しかし、流暢に話すことはできます。

⑬ 文字を読んだり、書いたりすることができない

　書かれた言葉を理解する能力の喪失（失読）、物の名称を思い出す能力または言う能力の喪失（失名詞）です。失名詞を起こした患者には、正しい単語をまったく思い出せない人もいれば、頭には浮かぶのに言葉に出すことができない人もいます。失名詞を起こした方は、流暢に話す傾向がありますが、意味不明な表現を用いたり、回りくどい話し方をしたりします。

⑭ 自己認識の低下（病識欠如）

　障害があるにもかかわらず「自分は病気ではない」「何も問題はない」「受傷前と変わりはない」と思っている状態です。

【主な症状】

- ・自分が障害を持っていることに対する認識がうまくできない。
- ・上手くいかないのは相手のせいだと考えている。
- ・困っていることは何もないと言う。
- ・自分自身の障害の存在を否定する。
- ・必要なリハビリや治療などを否定する。

【具体的対応】

- ・信頼できる第三者をつくります。
- ・同じ障害や問題を持つ他の当事者と接し、意識的にも無意識的にもその当事者を通して自分自身を認識する機会を持つようにします。
- ・外部から指摘しすぎないようにします。

⑮ 失行症
しっこう

　麻痺があるわけではなく、指示された内容や行動の意味を理解しているにもかかわらず、その動作ができないことをいいます。

【主要な症状】

　・ハサミなどの道具が上手く使えない。

　・日常の動作がぎこちなくなる。

　・普段している動作であっても、指示されるとできなくなる。

【具体的対応】

　・できない動作にこだわらず、できる方法、現実的な方法を探します。

　・たっぷり時間を与え、せかさないようにします。

　・周囲の刺激を避け、静かな場所で集中させます（自発的な行為を待ったり、引き出すように援助する）。

　・疲れたのなら無理をせず、いったん休憩を入れます。

　・邪魔な刺激はできるだけ少なくし、静かな部屋で集中させます。

⑯ 地誌的障害

　地理や場所がわからなくなる障害です。

【主要な症状】

　・よく知っている場所でも道に迷う。

　・地図が描けない、地図が使えない。

　・目的地にたどり着くことができない。

【具体的対応】

　・道に迷ったときの対処方法を話し合っておきます。連絡先を書いたカードや携帯電話などを身につけておきます。

　・室内での混乱に対しては、本人の視線の高さに目印をつけておくのも有効です。

⑰ 失認症
<ruby>失<rt>しつ</rt></ruby><ruby>認<rt>にん</rt></ruby>

失認症とは、視覚、聴覚、触覚の感覚の機能には問題はないが、それが何であるかがわからないことをいいます。失認は、本人に症状の自覚がなく、また目に見える障害ではないために、周りも認知症などと間違うことが少なくありません。

【主要な症状】

・眼の前に見えている物の形や色、触っているものが何かわからない。

・よく知っている人の顔を見ても誰だか判別できない。

・電話で家族の声を聞いてもわからない。

【具体的対応】

・聞いて理解できない場合、筆談や身振り、ジェスチャーなどを使用します。

・見て理解できない場合は、触れてみたり、音を聞いたり他の感覚を使用することでわかりやすくなることがあります。

4 高次脳機能障害と合理的配慮

（1）合理的配慮について

障害者差別解消法は、障害者基本法の基本的な理念に則り、障害者基本法第4条の「差別の禁止」の規定を具体化するものとして位置づけられています。障害を理由とする差別の解消の推進に関する基本的な事項、行政機関等および事業者における障害を理由とする差別を解消するための措置等を定めることによって、差別の解消を推進し、それによりすべての国民が、相互に人格と個性を尊重し合いながら共生する社会の実現に資することを目的としています。

民間企業では従業員数 45.5 名以上の企業に障害者の雇用義務があり
ますが、合理的配慮の提供義務は、事業所の規模や業種にかかわらず、
すべての事業主が対象となります。障害のある人から、障害があるため
に合理的な配慮が必要である旨の申出があったときには合理的な配慮を
提供しなければなりません。つまり、この合理的配慮の提供義務は本人
が障害者雇用の算定対象であるかどうか（障害者手帳の有無）に関係あ
りません。一般採用した社員の中からも、疾病や怪我により以前と同じ
ように業務が遂行できなくなったために合理的配慮の提供を求められる
ことがあります。基本的には、本人から配慮を求める意志の表明が必要
ですが、本人だけでなく親族や支援者からの表明も含まれます。また、
表明がなくとも、必要性が明らかな場合は、「事前的改善措置」として
対応することになります。

　合理的配慮の内容や程度は、まず、配慮を求める本人の申出があり、
双方が納得できる合理的配慮を実現するために、双方で話し合い、合意
を形成していくことが大切です。合理的配慮の提供までは次のような流
れとなります。本人および周りの環境、事業者側の状況などにより提供
する配慮は変わりますので、その都度本人と話し合いが必要です。

<合理的配慮の提供フロー>
① 本人から配慮を求める旨の申出
② 当事者・企業側の双方での話合い
　　提供できないときには合理的説明が必要。
③ 配慮の提供
　　情報共有や引継ぎ、フォロー体制を整える。
④ 配慮内容の確認
　　その配慮でよいのか、確認・見直しを定期的に行う。

　事業主にとって過重な負担となる場合には、合理的配慮の提供義務を

負いません。過重な負担は、①事業活動への影響の程度、②実現困難度、③費用・負担の程度、④企業の規模、⑤企業の財務状況、⑥公的支援の有無を総合的に勘案しながら、個別に判断することになります。

　合理的配慮指針事例集【第三版】（全国の都道府県労働局・ハローワーク、独立行政法人高齢・障害・求職者雇用支援機構等を通じて、事業主が実際に取り組んでいる事例を収集したもの）の「はじめに」にもありますが、この事例集は事業主が合理的配慮を提供する際に参考となる具体的な事例を幅広く収集したものです。合理的配慮は個々の障害者の障害の状況や職場の状況に応じて提供されるもので、個別性が高いものです。

　同事例集の別表（図表３－５）に高次脳機能障害のある方への合理的配慮例がありますが、これだけですべてに対応できるものではありません。高次脳機能障害と診断されていても、一人ひとり症状も状況も異なりますので、対応方法は１つではありません。採用面接では、希望する配慮について、本人および支援者の説明を丁寧に聞き、具体的な配慮を

■ 図表３－５　合理的配慮事例【第三版】別表

高次脳機能障害	募集及び採用時	・面接時に、就労支援機関の職員等の同席を認めること。
	採用後	・業務指導や相談に関し、担当者を定めること。 ・仕事内容等をメモにする、１つずつ業務指示を行う、写真や図を多用して作業手順を示す等の対応を行うこと。 ・出退勤時刻・休暇・休憩に関し、通院・体調に配慮すること。 ・本人の負担の程度に応じ、業務量を調整すること。 ・本人のプライバシーに配慮した上で、他の労働者に対し、障害の内容や必要な配慮等を説明すること。

双方で確認していく必要があると思います。また、就業を開始してから、当初予定していた配慮だけでは不十分という事態も発生すると思われます。そのような場合は支援者も含めて双方で話し合い、解決策を講じていくことが求められます。

（2）面接での配慮例（支援者の同席）

　採用面接や実習の際には支援者（就労支援機関の職員など）の同席を認めます。支援者に同席してもらうことで、失語症などを持つ高次脳機能障害のある方と面接官との意思疎通を援助してもらいます。応募者が自分の特性を面接官に知ってもらうために、面接時に支援者の同席を望むケースは少なくありません。希望する配慮について説明する際にサポートをするほか、作業上の得意なことと苦手なことなどの情報を補足することで、面接官に高次脳機能障害の特性と対応方法への理解を深めてもらうことができます。軽い記憶障害のある方への適切な対応は、面談においてゆっくりわかりやすく話すことが基本です。

（3）採用後の合理的配慮の例

① 業務指導や相談

　高次脳機能障害のある方は、いろいろな人にあれこれ指導され、やり方が少しでも異なると、どのようにすればよいかわからなくなってしまいます。そのため、一人の社員に指導担当を専任し、指導、指示内容に一貫性を持たせておくのがよいといわれています。業務指導や相談は専任の担当者を定めておき、周囲は高次脳機能障害のある社員の特性や対応方法などの情報を共有し、担当者不在のときにはサポートするのがよいでしょう。本人の状態の把握には定期面談が欠かせませんが、職場の上司以外に、人事担当者が定期的な面談を行うのも有効です。社内に保

健師、精神保健福祉士やカウンセラーがいる場合は、定期的にカウンセリングするのがよいでしょう。社内にカウンセリングの専門家がいない場合は、外部の支援者に依頼することもできます（後掲「就労支援に関わる窓口」165 〜 172 頁を参照）。

② 業務指示やスケジュール

　業務指示に関しては、口頭による指示が理解しにくいことがあります。個人差がありますが、図や文字情報でも記憶するのが難しいことがあります。指示内容を簡略な文書にすると一番伝わりやすいでしょう。

③ 高次脳機能障害のある方への対応の留意点

◉情報量を少なく

　ゆっくり、はっきり、言葉は短く切って伝えます。早口の人は伝える情報量が多くなりますので、受け取る側の能力がついていきません。個々の状況にもよりますが、脳の情報処理速度が低下している可能性もありますので、極力情報量を少なくして伝えます。理解度を推し測るために復唱するなど、再度の確認を行います。

◉明確に伝える

　まわりくどい説明ですと、やるべきことを捉えづらいことがあります。説明は極力シンプルに、明確に具体的に伝えます。

◉静かな環境で

　発達障害のある方は駅の雑踏などの騒音の中で相手の言葉だけを聞きとることが苦手であることが知られています。また、周囲の音が気になり仕事に集中できない方もいます。高次脳機能障害のある人の場合も同様に、相手の言葉を聞きとることができない環境、つまり騒音の酷い所や周囲の人たちが忙しなく動き回り、電話対応も含めて周囲

の会話や物音が多い場所は避け、自分のペースで仕事を進めることができる静かな環境で作業するのがよいでしょう。

⦿業務の指示は口頭以外の手段も活用する

　発達障害のある方の場合はあいまいな指示の理解が苦手ということが知られています。高次脳機能障害のある方も同様に、「あれ」「これ」「それ」などの代名詞が意味するものを思いつくのは難しいでしょう。仕事では明確で具体的な指示を行いますが、さらに口頭での指示は聞き漏らしやすい方がいます。複数の指示を同時に出されると混乱しますので、指示はシンプルに、1つずつ出します。指示したら、そのまま任せきりにすることなく、定期的に進捗状況を確認するようにします。口頭の指示では聞き漏らしやすい人に対してはメールやメモなど、文字情報での提供が有効で、シンプルなマニュアルが効果的でしょう。仕事の進め方だけでなく、仕事の質と量についても丁寧に伝え、ときどき進捗状況を確認します。

【留意点】

　スケジュールは前もって示します。聞き間違いに加え、メモをとっていても、作業記憶の弱さから書き間違いも考えられますので、一度言っておしまいではなく、何回も伝え、メモでも確認します。

---

④ マニュアル

　高次脳機能障害のある方は、発達障害のある方の傾向と同様に、職場で情報を記憶することの困難さ（作業記憶）、情報の理解の困難さ（視覚支援の必要性）、情報の整理統合の困難さ（時間、空間、意味の整理統合）のあることを想定し、職場環境および業務を簡素化してわかりやすくすることが必要です。口頭の指示の聞きとりの弱い人にとっては、

仕事の手順や進め方について可視化したマニュアルが用意されていると安心して業務に取り組むことができるでしょう。このマニュアルは長い文章による説明よりも、図や写真、フローチャートなどを多用したり、簡略な説明にするとわかりやすくなります。

⑤ 出退勤時刻・休憩・休息

　精神・発達障害者の中には疲れやすい人が多いように、高次脳機能障害のある方も非常に疲れやすいため、作業が連続で長時間に及ばないように、定期的に短い休憩を取り入れるようにします。

　障害の有無にかかわらず、誰もが新しい環境に慣れるまでには時間がかかります。ましてや、受傷により、これまでできていたことができなくなったというハードな現実の中、仕事のブランクの期間も相まって、新しい環境で、仕事を覚えようと精一杯で、心身ともに疲れてしまいます。可能であれば、1日4時間の短時間勤務からスタートし、徐々に勤務時間を伸ばしていくのがよいでしょう。勤務時間を伸ばすにあたっても、3か月〜6か月の長いスパンで本人の体調と勤務状況を見守り、本人が自信をつけてから、本人と職場、そして支援者の三者で話し合い、勤務時間を1時間ずつ伸ばしていくのが理想的です。短時間勤務でも常に疲労度を推し測りますが、フルタイム勤務が可能となっても疲れやすさには留意が必要でしょう。

⑥ 通　勤

　手や足に麻痺の残る方は、ラッシュアワー時の通勤は押されて転倒する可能性があるため、怖いと感じる方も少なくないでしょう。ラッシュアワーの時間帯を避けるために、フレックス勤務の適用や出社時間の調整ができると混雑を回避できるので安心できるでしょう。

⑦ 休　憩

　高次脳機能障害のある方で手足に麻痺の残っている場合、他の人より歩く速度が遅いため、混んでいるランチアワーに外出するのは気が進まない方もいるかもしれません。また、どちらの手に麻痺が出ているかにもよりますが、利き手に麻痺が出ていると、両手でナイフとフォークを使用することには支障がありますので、ナイフで切らなければならない料理を食べるのは苦手と感じるでしょう。

　疲れやすいため、昼の休憩時間を一人で静かに過ごしたい障害のある方は少なくありません。高次脳機能障害の方の場合も同僚とおしゃべりを楽しみたいと希望する人もいれば、昼休みを自分のデスクで一人でゆっくり過ごしたいと希望する人もいるかもしれません。一人ひとりの性格と状況によりますので、昼休みをどのように過ごすのが落ち着くのか、直接聞いてみるのがよいでしょう。

⑧ 休憩する場所

　休憩する場所はできる限り静かな場所が好ましいでしょう。大勢の社員と一緒の休憩室では周囲の話し声が気になり、気持ちが休まらないこともあります。一人で静かに過ごせる場所があればよいですが、同じ休憩室を使用する場合は他の社員と重ならないように、時間をずらして利用させるのも一つの方法です。

⑨ 通院・休暇

　通院、服薬管理、体調管理が怠りなくできているかどうかは、就業を継続する上で最も大切なことです。平日の昼間（＝勤務時間中）の通院が必要な場合は、通院のための休暇の制度があるのか、あるいは有給休暇で処理するのかを確認しておきます。疾患の状況により体調に変化が出やすい人の場合は、体調が悪化したときの対応方法や主治医や家族の連絡先についても話し合っておくのがよいでしょう

（4）職場復帰と合理的配慮

　一般的な事例を考えてみます。仮に就業中の社員Aさんが脳血管障害により倒れた場合、どのような経過をたどるでしょうか。

　Aさんは緊急入院、手術、その後リハビリテーション病院に転院し、3か月間入院生活を送りました。その後は外来に通院しながら、日常生活でのリハビリ訓練に励んできました。主治医やソーシャルワーカーとも相談し、いよいよ職場復帰について考える時期になりました。そして、職場復帰のための相談には、ソーシャルワーカーや作業療法士などの支援者が会社の了解を得て同席し、職場復帰のための助言を行います。支援者はこれまでのリハビリの状況も伝え、障害状況と代償手段、できそうな仕事や配慮事項について説明します。職場では支援者の助言も参考にして、本人の状況に合わせ、どのような業務が可能か配属先や雇用管理体制などの社内調整を行うことになります。その過程で合理的配慮の提供は当然のことです。

　受傷する前に担当していた業務に復帰するのが難しい場合は、新たに無理のない業務で復帰することになりますが、職場での適応力を高めるために、職業リハビリテーションとしての職業訓練を受講することができます。後掲（165〜172頁）のようにさまざまな就労支援機関がありますが、高次脳機能障害のある方を対象とする職業訓練もあります。

　職業訓練では生活リズムの確立や体調管理に加え、職場でのコミュニケーションの向上を目指します。どの就労支援機関でも実務に準じた内容（データ入力や請求書作成の作業など）を行いますが、個々のアセスメントにより、作業内容の記憶や注意力の持ちづらさなど、作業上の傾向を把握することができます。

① 職場復帰に向けたプロセスの確認

　障害の状況によっては配置転換などの検討が必要になることがあります。本人の希望を確認した上で、職種や配属先についての打合せを行います。本人が就労支援機関を利用している場合は就労支援機関の担当者のアドバイスをもらいます。医療面での配慮が必要な場合には、主治医や通院先の病院のスタッフなどから情報を収集することも有効です。本人だけではなく、産業医や主治医と相談し、リハビリテーション施設や就労支援機関などからも情報を得て、職場復帰へのプロセスを確認していくことになります（図表3－6）。

■ 図表3－6　職場復帰までの流れ

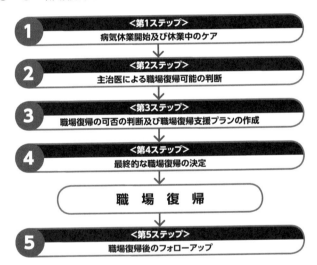

出典：厚生労働省「改訂 心の健康問題により休業した労働者の職場復帰支援の手引き」

※高次脳機能障害についても、この手順をベースに対応することになります。

② 就業時間・休憩時間など

⊙リハビリ勤務

　精神疾患や身体疾患などで欠勤や休職をした社員が職場復帰をする前に、いきなりフルタイムで働くのではなく、スムーズに本来の職務に復帰できるよう、一時的に業務負荷を軽減するなどして様子をみることをいいます。労働基準法などにはリハビリ勤務の定めはなく、会社としてはこのような制度を導入する法的義務はありませんが、制度を設ける場合には就業規則に具体的な定めを置くことが望ましいです。就業規則に定めがなくても、本人との個別の合意によって、リハビリ勤務をすることは可能です。

　リハビリ勤務についてはさまざまな形があり、会社と家を往復する（通勤の練習をする）だけの場合もあれば、午前中だけ働くとか、一時間ほど早く終わるといったものまで多岐にわたっています。

　厚生労働省の「心の健康問題により休業した労働者の職場復帰支援の手引き」の中に『試し出勤制度』という言葉が出てきますが、試し出勤制度などとして、次の３つが挙げられています。

・模擬出勤：就業時間に合わせてデイケアや図書館などで過ごすことです。

・通勤訓練：自宅から職場の近くまで来て、職場付近で一定時間過ごしてから帰宅することです。

・試し出勤：職場復帰の判断等を目的として、本来の職場などに試験的に一定期間継続して出勤することです。

　このうち模擬出勤、通勤訓練は実際の業務を行うわけではありませんが、試し出勤については実際に職場に出勤し、業務を行うことになります。この制度を導入する企業は近年増加傾向にあります。リハビリ勤務を経ることにより、企業にとって職場復帰の可否の判断のための材料が

増えるとともに、当該社員にとっても、一定の「慣らし」期間を設けることで、職場復帰がスムーズになるといわれています。

（5）復職にあたっての留意点

　高次脳機能障害のある方は、入院や在宅生活を経過するなかで、長期間にわたるリハビリを行ってきたとしても、体力の低下（易疲労）が生じるケースが多く存在します。通勤だけで疲れてしまい、会社に着いても仕事ができないということも予想されます。また、高次脳機能障害のある方の中には、運動麻痺のほかに失語や失行・失認などの障害を伴うことも多いことから、出勤を始め、一つひとつ職場適応の状況を丁寧に確認していく必要があります。リハビリ出勤を導入し、1日に何時間、週何時間なら勤務ができそうなのか、実際に経験し、本人と会社側で調整することは重要です。様子を見ながら徐々に本来の労働条件に近づけていきます。本人は仕事に慣れようと一生懸命になり、過剰適応になる傾向が見受けられます。こうした状態が長く続くと、疲労が蓄積し、朝起きられない、午後まで体力が持たないなどの影響が出現してきます。定期的に本人と面談し、仕事と休息のバランスが取れているのか、確認しあう時間を作ることも大切です。

　高次脳機能障害のある方にとっても、毎朝出勤できるように生活のリズムを整え、身体を慣らすためにもリハビリ勤務は有効な取組みといわれています。

① 短時間勤務からのスタート

　職場復帰のためのリワークプログラムのある職場では、プログラムに沿って復帰後一定期間は体力を考慮して勤務時間を短縮します。このリハビリ勤務期間中は短時間勤務からスタートし、段階的に延ばしていきます。時間外業務の設定はしません。

これらの制度を推進するには、フレックスタイム制の導入、体力低下に配慮した短時間勤務の体制、定期検診や通院時間の確保などの労働条件の緩和について検討する必要があります。職業リハビリテーション機関も事業所に対して、「リハビリ勤務」の必要性や有用性を啓発してその実施を促し、労働条件の設定や職務の再設計、職場環境の整備などについて支援することが望まれます。

　時間の経過とともに、できる仕事が増えていきます。すると、「障害を持っている」ということを周囲が忘れてしまい、本人を病前と同じように捉えてしまうということが起こり得ます。仕事量を増やしたり、複雑な作業を割り振るなど、障害への配慮がなくなってしまうことで、仕事を継続すること自体が難しくなる例も見受けられます。本人と会社双方が常に話し合い、双方で障害を理解し続けていくことが、仕事の継続へとつながります。

② ジョブコーチによる支援

　ジョブコーチが職場に出向き、雇用の前後を通じてきめ細かな支援を行う制度です。障害のある社員に対して、職場に適応するための作業遂行力の向上や職場内でのコミュニケーション能力の向上などに関わる支援を行います。また、会社や職場で一緒に働く他の社員に対しても、障害特性に配慮した雇用管理や職務内容の設定に関する助言を行います。必要に応じて、ジョブコーチ支援などの制度の活用も検討します。

　復職後の就業にあたっての配慮の一例をまとめると、下記のような内容になります。

●合理的配慮と対応の仕方の一例

◇集中が途切れやすい人
  ・落ち着いて作業に取り組める配置にする。
  ・プリンターやコピー機の傍に配置しない。
  ・人の出入りの多い出入り口や通路の傍に配置しない。
  ・大勢の人がいるところや音や光の刺激など、気を散らすもののない
    ところに配置する（電話の鳴る音が気になるときは、本人の机の電
    話機を呼び出し音が鳴らないように設定する、あるいは電話機自体
    を外すなど）。

◇声かけ
  ・質問されたときは何度でも答える。
  ・「それで合っていますよ」と作業を肯定する声かけを何度も行う。
  ・作業の確認のために、マニュアルを作成しておく、あるいは見本を
    置いておく。

◇休憩の取り方
  ・疲れやすい人の場合は、1時間作業したら5分間休憩するなどのスケ
    ジュールを決めておく。あるいは周囲から休憩を促す。

◇疲れやすさへの対応
  ・すべての作業にゆったりと時間を見込み、余裕のあるスケジュール
    にする（過密スケジュールにならないようにすると共に、大きな課
    題は小分けにして1つずつ行う）。
  ・情報を一度に大量に与えない（1つずつ情報を提供する）。
  ・本人の疲れやすさについて周囲で共有し、当事者の疲労に注意を払
    う。

（6）その他の配慮例（プライバシーへの配慮）

　障害の種類にかかわらず、個人の障害に関する情報は極めて機密性の高い情報です。一方で、障害者雇用枠での採用の際には障害を開示して応募しているため、採用面接の際に基本情報として障害名や特性および希望する配慮について確認しています。合理的配慮を提供するためにも、配属先およびその社員の指導に関わるメンバーが共有しなければならない重要な情報です。

　障害をどこまで開示するかは、基本的には本人の意向によりますが、当該社員の業務遂行能力に加え、組織や職場の規模、仕事内容、配慮や支援に必要な人的労力などによっても変わります。無用のトラブルを避けるためにも、適切な配慮提供のためにも職場で障害を開示することについて、採用面接の際に十分に話し合い、承諾を得ておきます。高次脳機能障害のある社員の状況は個々に異なりますし、障害は見た目にはわかりませんので、簡単な会話を交わした程度では障害だとは気づかない人も少なくありません。

　社内で障害を開示する範囲は、企業規模、社員の職務内容、企業の方針により大きく異なりますが、どこまで障害を開示するかを決めて、本人の同意を得ておきましょう。

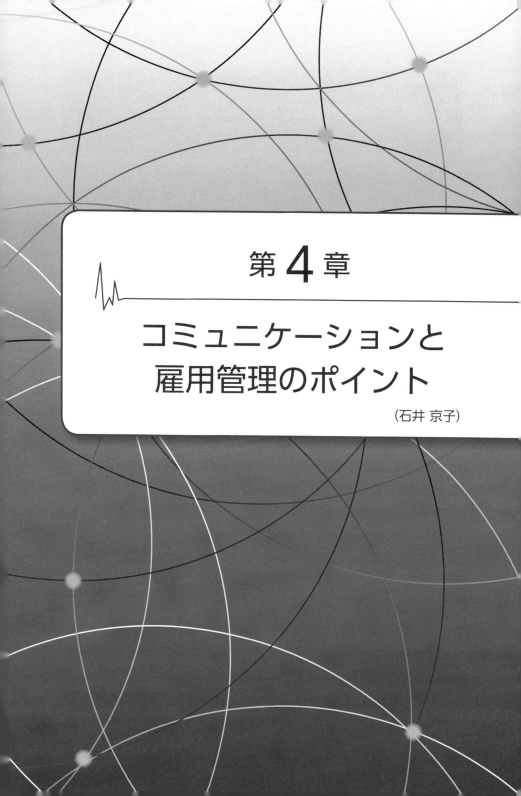

第 4 章

コミュニケーションと
雇用管理のポイント

（石井 京子）

1 高次脳機能障害のある方の採用にあたって

　前章では、採用にあたり知っておきたい高次脳機能障害の症状と具体的な対応を説明してきました。本章では、就労を目指す高次脳機能障害のある方の採用を考える企業の面接での対応の仕方と、雇用する職場でのコミュニケーションを考えていきたいと思います。

　障害の程度もさまざまである高次脳機能障害を受傷し、比較的軽度で短期間で職場復帰することができる方もいますが、一方で、就労意欲を取り戻し、就職活動を開始して障害者雇用枠で採用されるまでにはリハビリテーション期間も含め、数年が経過してしまうケースが多々あります。しかし、地道にリハビリを続け、数々の困難を乗り越えて、社会復帰を目指してきた方々、つまり就労への強い意欲を持つ高次脳機能障害のある方も少なくありません。就労に向けて努力を重ねてきた方々の採用面接をどのように行い、職場ではどのように対応していけばよいのでしょうか。

（1）後天的な障害であること

　高次脳機能障害は後天的な病気や怪我により生じた障害です。「以前はできたことが、できなくなった」という事実に関して、すぐに認識できない方も多く、自分は何も問題ない、受傷あるいは疾患の前と何もかわらないと思っている方も少なくありません。このように高次脳機能障害の方の中には病識欠如といって、障害があるにもかかわらず、自分が障害を持っていることに対する認識がうまくできていない方が多いという特徴があります。

　さらに、「自分が困っていることは何もない」わけですから、周囲の

勧めで障害者雇用枠の求人に応募しても、自分が以前のような働き方はできなくなったという自覚が低い場合もあります。そのため、できないという事実を指摘されても、素直に受け取れないこともあるでしょう。なぜ自分が障害者雇用枠での採用面接に応募しなければならないのかという想いと、感情面での表現の困難さも加わり、憮然とした表情を見せる方もいるかもしれません。

　一般就労の経験しかない中途で障害を持った方は、障害者雇用枠での採用により、自分はどのように扱われるのだろうかという不安を持つのも当然と思います。不安を抱えた高次脳機能障害のある方との接し方については、一緒に働く方、支援者の方各々がより理解を深め、よりよい対応方法を探っていく必要があります。

（2）雇用する職場の心構え

　高次脳機能障害は見た目にはわからない障害であること、個々に症状が異なるため、雇用する側、職場で一緒に働く方々にとっても、高次脳機能障害に関する知識と、一緒に働くための心構えを持つことが必要です。「本人が障害を持っていることに対する認識がうまくできていない」ということは織り込んでおきましょう。その上で、「困っていることは何もない」などの発言も想定の範囲に入れておく必要があります。「自分自身の障害の存在を否定する」などの言動が続くようでしたら、本人をよく知る支援機関などに相談し、支援者から本人の状況を確認してもらいます。

　高次脳機能障害ある方のリハビリには数年という単位での時間がかかります。一般的に、就職・転職活動の際に怪我や病気により仕事をしていないブランクの期間が長いと就労意欲を問われますが、高次脳機能障害のある方の場合は回復までに必要な時間であったといえるでしょう。その時間は外傷治癒だけではなく、自分の心身の状態を把握し、受け入

れて、障害による影響でできにくくなっていることを工夫によって軽減するほかに、できなくなったことをトライアル＆エラーによりあらたに学んでいくために必要な時間です。

　日常生活を問題なく過ごせるようになり、心身が充実してきたら、軽度の高次脳機能障害の場合は元の職場に復帰する方もいますが、あらためて就労を目指す場合は就労支援機関を利用することになります（就労支援機関などの窓口については 165 ～ 172 頁参照）。就労支援機関のうち、一般企業での就職を目指すのが就労移行支援事業所です。就労移行支援事業所などの支援機関を利用している方の場合は、毎日通所することにより、生活のリズムが安定し、体力がついていると判断することができます。さらに、利用期間中に就労移行支援事業所内での人間関係も経験することにより、さまざまな人間関係の対応もこなしてきていますので、就労のための準備が整っていると判断されます。事業所もしくは本人から、通所の状況や訓練中のアセスメントも提供されますので、想定業務への対応が可能であるかどうかの見極めがしやすいといえます。また、障害者雇用に熱心な企業は就労移行支援事業所の訓練生を実習として受入れを行なっています。障害のある方の選考の一環として、実習を行う企業も増えてきましたが、実習生として受け入れ、一緒に働いてみることで、本人の人となりを知ることができますし、長い時間を一緒に過ごすことにより、職場内での障害への理解が進みます。

2　面接で確認すること

① 失語症
　失語がある方は、言語による表現や言語の理解、具体的には「聞いて

138

理解すること」「話すこと」「書くこと」「読むこと」「計算」のすべての機能が、病前に比べ多かれ少なかれ低下しますが、その特徴と程度は人によってさまざまです。

　採用面接では、少なくとも一定期間のリハビリを行い、就労するための準備を行ってきた方々が応募してきますので、言葉を発することができない方と面接する可能性は少ないでしょう。高次脳機能障害のある方自身は言葉を発することができますが、話ができるからといって、自分や周囲の状況を正しく把握できているとは限りません。

　お互いに状況を正しく理解しないまま採用してしまうと、実際に仕事をする場面では意思の疎通が上手くいかずに、齟齬が生まれてしまうことになります。採用した側は「この仕事をお願いしようと思ったのに…。こんな筈ではなかった」となってしまわないとも限りません。採用された側も一生懸命頑張ろうという気持ちで入ってきたのに、「これもあれも上手くできない」「何も任せられない」と言われては混乱してしまうばかりです。お互いが残念な結果にならないように、面接の中で、高次脳機能障害の方が質問の意味や会話の内容を正しく理解できているかどうか、状況を入念に確認するようにします。「読む」「書く」「計算する」については障害による支障が出ていないかどうか、簡単な筆記試験を実施することにより確認することができるでしょう。筆記試験において問題の見落としなどが発生することがありますが、それも作業上の一つの傾向である可能性もあります。

② 相手の話が理解できない

　単語、句、または文を復唱する能力を喪失した場合は、聞いたことを復唱できません。つまり、相手の話が理解できないということになります。話を理解し意味のあることを話しているかどうかは別として、高次脳機能障害があっても流暢に話すことができる方がいます。

　難聴とは違って聴力には問題ないのですが、音は聞こえていても、言

葉として聞き分けることができないという状態です。日常会話などであれば、その場の状況から内容を判断できる方もいますが、音だけで聞きとっているため、メモにカタカナで書きつけることはできても、そのカタカナを瞬時に漢字へ変換することができない人もいます。業務の中でお客様の前で伝票に文字を直接記入する場合などでは支障が出てくるかもしれません。

　こうした点については、一般の事務でパソコンを使用している場合であれば、パソコン上でカタカナを漢字に変換させることで対応するなど、漢字に変換するツールとしてパソコンやタブレット、あるいは携帯電話を利用し、補完することができます。高次脳機能障害のある方の個々の障害の特性を理解し、代替ツールを利用することにより、就労の可能性を広げていただきたいと思います。

③ 上手く話せない

　麻痺によりロレツが回らないなどの症状が出た場合、自分の意思を他人に伝えられないほど重症の方以外に、日常生活にさほど不自由のない軽症の方でも自分の話したいことを上手く言葉にできなかったり、滑らかに話せなくなることがあります。

④ 読むことができない
（音読できない、文章を読んで内容を理解できない）

　文字や文章を声に出して読むことと読解（書いてある内容を読み取る）能力は別の力です。音読ができても内容の理解が困難であったり、声に出して読めなくても内容の理解ができる場合があります。読解に関しては、仮名文字の理解が難しく、漢字のほうが意味を理解しやすい傾向があるといわれています。

⑤ 書くことができない

書く能力についても、話すことと同様に特徴的な症状が見られます。意図した文字が書けない、書き誤りなどの症状が出る方もいます。

⑥ 計算ができない（加減乗除（＋－×÷）ができない、繰上げや繰下げがわからない）

難関の大学を卒業し、学業の成績がよかったと思われる方でも、高次脳機能障害のために簡単な計算ができなくなってしまった方もいます。最近の職場ではパソコンを使用しての作業が主流になっていると思いますので、計算ができなくてもパソコンの機能を利用すれば問題なく作業を行うことができるでしょう。業務で計算が必要なのであれば、筆記試験などを実施して計算能力を確認できますが、IT化が進んだ現在では、パソコンさえ使えれば、さまざまな作業ができるようになっています。ただし、数や計算の概念がわかっているか、あるいは障害の影響を大きく受けていないかどうかは、確認しておく必要があります。

3　面接官が心がけること

高次脳機能障害では脳の働きが低下している場合がありますので、一度に沢山の情報を与えられても、脳の情報処理の速度がついていかないことがあります。早口で話すのは沢山の情報を与えていることになりますからNGです。面接官は高次脳機能障害の特性を十分に考慮して、早口で話すことは避け、情報量を少なく、ゆっくり、はっきり、言葉は短く話すことを心がけます。応募者の状況によって異なりますが、質問に際してはその方の回復状況から鑑みて、始めはYES/NOで答えられる質問からスタートしてみましょう。また、質問に対し言葉が出にくいよ

うであれば、可能な範囲で回答をじっくり待つことや、何かヒントを与えるなどの余裕も必要と考えます。

　合理的配慮指針でも別表に「面接時に、就労支援機関の職員等の同席を認めること」（122頁）が挙げられていますが、面接の際に支援者の同席を求められた場合、快く対応します。支援者に同席してもらうことで、言葉の出にくい高次脳機能障害のある方は、支援者に面接官との意思疎通を援助してもらうことができます。本人が希望する配慮などを申し出る際に支援者が補足説明をするほか、支援機関が保有するアセスメントの情報を提供してもらうことで、面接官は面接する高次脳機能障害のある方の特性と対応方法について、知識と理解を深めていくことができます。

4　雇用管理上の配慮

　第3章（119～133頁）では合理的配慮指針の別表に従い、主な合理的配慮の例を説明していますが、ここでは雇用管理上必要となる全般的な配慮について、改めて説明します。

（1）雇用管理体制と専任者の選定

　障害者雇用の経験が少なく、しかも今後障害者雇用に力を入れていく必要がある（採用予定数が多い）と想定される場合は、採用と同時に障害者の職場定着を図る必要がありますので、障害のある方をサポートする専任担当者の配置が必要になるでしょう。5人以上の障害者を雇用する事業所においては、障害者雇用促進法により、事業主は障害者職業生

活相談員を選任し、その障害者職業生活相談員に障害者の職業生活全般についての相談、指導を行うよう義務づけられています。これにより、障害者の職場適応を促進し、その有する能力を最大限に発揮できるよう障害者の特性に十分配慮した雇用管理を期することとされています。

　これらの障害者職業生活相談員とは別に、障害者雇用を促進する担当者を置きますが、その役割は非常に重要です。大手企業では人事部の中にダイバーシティ担当を置いたり、CSR推進の担当を設け、企業全体の取組みとして積極的に関与していることが多いようです。最近は採用選考の一環として、候補者の能力や職場との相性を確認する上でも企業実習を実施する企業が増えています。その場合、実習を受け入れる部署の選定や事前準備、協力してもらう支援機関との調整を行うことのできる人材が必要になります。キーパーソンとなる専任担当者を配置することにより、これらの調整を円滑に進めることができます。

　そこまで大々的でなくとも、受け入れ部署では障害のある社員の指導を担当する社員を選任する必要があります。また、現場での業務の指導においては、複数の社員から指示を受けた場合、少しでも指示が異なると、どちらが正しいのだろうかと戸惑ってしまうことから、配属先での指示系統の一本化は重要です。日々の作業における指示命令者は実務の指導係の社員ですが、上司および指導係の社員の不在時には、障害のある社員が仕事の進め方の相談で困ることのないように、代わりに質問や相談に対応できる社員を決めておき、サポート体制を整えておく必要があります。

（2）小まめな休憩の励行

　障害の影響に加え、久々の職場復帰ともなれば脳が疲れやすくなっています。時間や回数の上限は特に決めずに、小まめに短い休憩時間を取り、疲れから回復させるように心がけます。休憩といっても長時間であ

る必要はなく、いったん席を立ってトイレに行く、リフレッシュコーナーで水分を補給するといった程度の短い休憩で有効です。

　疲れていることを本人は気づきにくいものです。周囲の人は、ボーッとしている、眠気が出ている、集中力・注意力が低下しているなど、本人が疲れている様子を感じたら、その場で声をかけて、短い休憩を取るように促すとよいでしょう。

　ただし、あまりに頻度が多すぎて、業務に支障が出るようなら、体調面に何らかの不調が出ているかもしれませんので、面談を実施し、状況を確認します。

（3）体調管理のポイント

　通院・服薬の状況を把握しておきます。高血圧やてんかんなどにより定期的な受診と服薬が欠かせない方もいます。てんかんなどの合併症状を伴う場合は、この障害の状況はさらに複雑になります。車の運転やアルコール類を禁止されている方もいますので、禁忌事項を知り、発作などの症状が発生したときの対処と連絡先を確認しておく必要があります。社内に産業保健スタッフが常駐している場合は、連携しておくのがよいでしょう。必要に応じて家族や支援機関とも情報を共有します。

（4）スケジュール帳やメモリーノートの情報を共有する

　高次脳機能障害があると、その日に何をすべきなのか、どのような手順で作業をこなしていくのか戸惑ってしまい、適切に処理できないことがあります。そのような状況に対応するための（独）高齢・障害・求職者雇用支援機構が開発した「メモリーノート」は、高次脳機能障害のある方の記憶の補完手段として欠かせないものです。「メモリーノート」は、障害者の職場適応促進ツールとして開発されたものですが、一般的には、

スケジュールや作業手順などの忘備録とするメモ帳やノート類の総称としても使われています。

　メモリーノートが必要と思われる方については、リハビリテーションや訓練の間にも活用されています。本人が業務に慣れるまでは、本人がメモリーノートに書いた内容を関係者が共有して、確認を行い、誤りや抜けがあれば、必要に応じて記載内容を修正するよう助言することもできます。メモリーノートの活用が習慣化している方や、第三者による確認がまったく必要ない方もいますので、メモリーノートによる情報共有は日頃の業務遂行の様子も見ながら検討します。

（5）指示を出すときのポイント

　指示を出すときは口頭で伝えることに加えて、メモを渡す、メールで知らせるなど、文字情報も提供します。作業の工程順や留意点なども文字情報で明確に伝えることが大事です。

　作業スケジュールについては、その日の流れを具体的に指示します。本人にスケジュールを作成してもらい、関係者が内容を確認するというやり方も有効です。

（6）定期面談とフィードバックの必要性

　就業を開始した直後は、担当職務について定期的にフィードバックしていくことが重要です。特に高次脳機能障害は、これまで不自由なく生活を送ってきた方が、脳血管障害や不慮の事故などにより、中途障害を負ったわけですから、高次脳機能障害の影響により自分の現状を客観的に認識することも難しくなっています。そのために日頃の作業や仕事ぶりに対しての評価だけではなく、体調面に関してもきめ細かくフィードバックを行う必要があります。

仕事ぶりに関しては、課題点を伝えるだけでなく、できていることをきちんと認め、職場できちんと役割を果たしていることを伝え、自信を持ってもらうことが大切なことです。できないことにばかり目を向けるよりも、できることに注目して、よりよい配慮の方法を検討し、今後の能力の活用を図っていくのがよいでしょう。

　上司による定期面談では、まず、本人が困っていることや不安なことがないかどうかを確認します。本人の希望についても話を聞きます。業務については、できていること、つまりプラス面を重視して話すことが重要です。業務に慣れてきたら、短期・中期的な目標設定と仕事ぶりのフィードバックを行います。また、最も大切なことは、単純な業務であっても、任された業務の大切さや、会社の中で重要な役割を担ってもらっていることを説明することで、本人の業務がどのように役立っているかを知ることができるようにし、本人のモチベーション向上につなげることです。

（7）実際の雇用事例

> 手帳の種類等：精神障害者保健福祉手帳 3 級
>
> 診断名：高次脳機能障害
>
> 仕事内容：事務補助
>
> 勤務日：週 5 日勤務
>
> 勤務時間：月 30 時間

　採用前に 1 年間の就労移行支援を受け、毎日就労移行支援事業所に通所する中で、通所が安定し、短い休憩時間で脳の疲労を回復させることができるようになっていました。自分の体調を把握することで、体調が悪い時にはそれを周囲に伝えることができるようにもなっていました。

　これまでに一般事務補助の経験があり、今回の業務内容および周囲と

のコミュニケーションについては特に心配はないように見られました。

　体調は落ち着いている状況でしたが、無理をしないよう1日6時間勤務からスタートしました。また、勤務時間中に、1時間につき5分間の休息を取ることを話合いの上で決めました。就業開始直後の上司による面談では、比較的単純な業務に従事していますが、本人に対して、無理をして負荷を感じることのないよう、徐々に対応できることを増やしていってほしいと本人に伝えました。体調面では、今後も自己管理をし、具合が悪かったら早めに休息を取るようにしてほしいと依頼しました。本人からは「週の後半になると、疲れがたまりやすいようです。自分でも早めに休息を取るようにしていますが、もし顔色が悪かったり、極端に疲れているように見えたら、声をかけてもらえるとありがたいです」という申出がありました。

　就業開始直後は頻繁に面談を行い、体調をヒアリングして、疲れが溜まっていないか確認していくのがよいでしょう。

5　社会的行動障害

　社会的行動障害とは、脳機能の損傷のために、自分で自分の行動を十分に制御できなくなっている状態です。感情をコントロールする力の低下、注意障害、記憶障害、遂行機能障害などは代表的な特徴です。

　状況をうまく判断できず、結果的に不適切な言動となる場合もあれば、失敗経験を積むことで自信を喪失し、心理的な負担が増え、そのストレスの結果、怒りや抑うつ的な症状が出現することもあります。いずれにおいても、さまざまな障害の影響が重なりあっています。

　典型的なパターンとしては、【情報処理がうまくいかず不適切な言動をしてしまう】→【その結果パニックになり追い詰められて精神的な負

担が増え、問題行動が増える】→【失敗が続いて自信を喪失し、抑うつ的になってしまう】といった悪循環に陥ることがあります。

（1）社会的行動障害の主な症状

主な症状には以下のようなものがあります。

① 依存性・退行

依存的になり、家族をすぐに頼るようになったり、子供っぽい言動があります。年齢よりも幼く感じられます。

② 脱抑制

「状況に対する反応としての衝動や感情を抑えることが不能になった状態」のことを指します。

③ 溢れる感情とコントロールの低下

人の代表的な感情には喜び・怒り・哀しみ・楽しさがあり、感情の大きさはさまざまです。通常はそれらの感情を言葉によって相手に伝えますが、言葉では表せない大きさの気持ちであれば、大げさに身振り手振りを使い、その感情に見合った大きさで表わすこともあります。

しかし、高次脳機能障害のある方は、大きな感情を抱えたときに抑制ができませんので、些細なことで腹を立て、大声を出してしまったりします。あるいはハイテンションになり、感情に任せて早口で一方的にまくしたてたり、急に涙もろくなったりすることなどがあります。

さまざまな場面で怒りを爆発させたり号泣したりしてしまうことは、対人関係において大きな障害となります。感情をコントロールできないことで、注意を受けている最中や悲しい場面で笑ってしまうなど、本来はありえない言動をしてしまい、対人関係を気まずくしてしまいます。

また、表情についても上手くコントロールできなくなります。これも全員がそうというわけではありませんが、多くの高次脳機能障害のある方が抱える問題です。

　感情の表出について、「話しづらい」「思い通りに話せない」という違和感はかなり長く続き、特に緊張する場面では、心因性で話せなくなる方も少なくないようです。「話しづらい」「思い通りに話せない」という状態に対しては、日常生活を送ることがリハビリとなり、徐々に回復していきますが、本人の中では感情を言葉で上手く表現できないストレスは依然として残ります。

④ 欲求コントロールの低下

　欲求のコントロールが低下してしまうと、何かを欲しいと思ったときに我慢できなくなります。欲求が抑えられないので、お菓子を1袋全部食べてしまったり、タバコを1日何本も吸ってしまったり、コーヒーなどを1日に何杯もガブ飲みしてしまうというように、自制ができなくなります。僅かな時間も待てないというようなことも発生します。欲しいと思った商品を大量に購入してしまうなど、金銭管理の課題を抱える方もいます。

⑤ 人との関わり方

　相手の立場や気持ちを思いやることができず、新しい、良好な人間関係を築くことができません。せっかくできかけた人間関係を壊してしまったりすることがあります。人間関係を円滑に継続するためには、相手の気持ちや状況を思いやることや相手とうまくコミュニケーションをとっていくことが必要です。しかし、障害特性により感情のコントロールが上手くいかないため、人との関わりの中で、突然怒りっぽくなったり、泣き出してしまうことがあります。状況や相手の気持ち・考えを察することができませんので、周りを気にせず、思ったことをそのまま

発言してしまうなど、その場に相応しくない行動をしてしまうことがあります。

⑥ 共感性の低下

　相手の気持ちを推し測ることが難しくなっていると、相手の会話中の冗談や嫌味、比喩を理解することができなくなります。相手の言うことの真意や隠れた本音が理解できませんので、言葉をそのまま受け取り、相手に怒りをぶつけてしまい、気まずくなってしまうことがあります。

⑦ コミュニケーション障害

　話にまとまりがなく、すぐに脱線してしまいます。その場に不適切なほど多くしゃべってしまったり、雰囲気にそぐわない会話をしてしまうことがあります。相手のテンポの速い会話についていけず、理解できないこともあります。

⑧ 固執性

　些細な一つのことにこだわることがあります。一度やり始めるとやめられなかったり、一度決めたことを状況に合わせて変更できずにやり続けたり、同じことを何度も繰り返し言ったり、やったりすることがあります。一つのことを始めると止められるまで、場合によっては止められてもやり続けます。手順通り、習慣通りの行動はうまくこなせますが、状況に合わせて変更することができないため、新たな問題に対応するのは難しいかもしれません。

⑨ 意欲・発動性の低下

　物事に対する意欲が低下します。周囲の状況に無関心になり、自発的な行動が乏しくなります。当然のことながら表情も乏しくなります。ボーっとして、自分から「何かしよう」と行動を起こすことができない

ので、家族などからの指示がないと一日中ごろごろして過ごしてしまいます。一日のほとんどの時間を無為に過ごしてしまうことになります。

（2）対応のポイント

　本人がイライラしているときは、あるいはしんどそうなときも、静かな場所に誘導し休ませましょう。落ち着くまで待ってから本人の話を聞きます。

　①一人にして落ち着かせる ⇒ ②話合いは本人が落ち着いてからにする ⇒ ③本人にイライラしていることを気づかせ、早めに休息するよう呼びかける、という流れで対応します。

① クールダウンスペース

　高次脳機能障害のある方に限らず、発達障害や、知的障害のある方にも見られますが、ストレスや感情のコントロールがしにくい場合は、イライラしたらクールダウンスペースに移動し、落ち着くまで過ごすのがよいといわれています。疲労がたまっているときは、気持ちのコントロールがより難しくなります。本人が早めに休息を取るよう心がけて疲労をため込まないようにしたり、自分なりにリラックスできる方法をいくつか見つけておくことが大切ですが、イライラしたり、辛くなったり、しんどくなったときに、一人で静かに過ごせる場所（休憩室、休憩コーナー）があると理想的です。

　イライラしたときにとる具体的な行動をアドバイスすることも有効です。具体的には、「イライラしたら深呼吸する」「水を飲む」「自販機で飲み物を買って飲む」「その場を離れる（トイレに行く）」などがあります。このように周囲から具体的な行動をとるよう声をかけることで、気持ちの切替えがしやすくなります。

② 本人に気づかせるには

　感情コントロールができていないときには、落ち着いてから本人と話し合います。場面ごとの感情の動きと行動の現象を丁寧に聞きとります。「話し始めたときは怒っていなかったのに、怒ってしまったのは自分でわかりますか？」「こういうことがよくありますか？」と、その時の状況をフィードバックします。そして本人と解決策を考えます。

③ 易疲労性

　パソコンの操作で、次から次へと指示を出すと処理が追いつかず、フリーズしてしまうのと同様に、高次脳機能障害のある方に対して一度に沢山の指示を出すと混乱したり思考や動作が停止してしまうことがあります。本人の処理能力に合わせて一つずつゆっくりと指示を出すことが大切です。いきなりのフル稼働は、脳には負担が大きく、すぐに疲れてあくびが出ることがあります。あくびが出てきたら『疲れた、休憩したい』というサインと理解し、休憩を取るよう促します。「脳は、以前より少なくなった細胞をフル稼働させて処理していますので、疲労しやすいのは当たり前です。疲れきってしまう前に休憩を取るほうが効率的ですよ」と説明し、早めに休憩するよう促します。

6　高次脳機能障害のある方の就労に向けた課題

（1）障害受容から職場復帰までの道のり

　障害を持った方のほとんどは、入院先の医療機関が社会復帰のための窓口となります。しかし、医療機関では就労に向けて利用できるサービスや内容に関する情報がない場合が多く、本人や職場に職場復帰に向け

た支援を十分に提供できるとは限りません。

　他方で、ハローワークや地域・広域職業センターでは休職中の中途障害者を把握する制度がないために、職業リハビリテーションサービスを受けないままに休職期間を終え、退職を余儀なくされる人も少なくないのではないでしょうか。

　さらに、職業リハビリテーションサービスの実施には医療機関からの情報入手や相談や援助が必要不可欠ですが、そのための連携はまだ十分に機能しているとはいえません。

　医療措置から職業リハビリテーションサービスへの移行をいつから始めるかは、機能回復訓練の程度、休職期間の長さ、その間の処遇内容などによって異なります。しかし、休職期間を終える前には職場復帰のための活動を始める必要があります。休職期間の終了を意識し、早い段階から復帰予定の職場と連絡を取り、機能回復の経過と現状を説明し、職場や同僚に理解してもらうことが必要です。復帰後のサポートには職場や同僚の十分な理解が欠かせないからです。

　高次脳機能障害では、多くの場合、脳障害（主に記憶、注意、遂行機能などの前頭葉脳障害＋過去の記憶喪失）があります。自分自身が障害を受けたという記憶も自覚もないため、医療機関で何度も説明を受けても、障害を受容するまでに数年かかるという場合もあります。実際には社会復帰をし、職場復帰し、社会生活を通じて、自分が障害を持っていることを自覚するようになる人も少なくないでしょう。

　105 〜 109 頁では入院中のリハビリについて説明していますが、退院してからもリハビリを受けます。リハビリは 3 種類あります。ＯＴ：作業療法、ＰＴ：運動療法、ＳＴ：言語療法のリハビリを経て、社会復帰をします。一方で、脳障害者が早期に（例えば半年で）一般社会で働けるようになるところまで回復することは大変難しく、受傷から 5 年後の就業復帰・継続率は 20％弱といわれています。家庭の事情により障

害を抱えながら働き、働きながら機能回復も目指さなければならない方もいます。障害受容から社会復帰までの道のりはそう簡単ではありません。

　受傷前の記憶を失ってしまった場合、社会復帰も大変ですが、社会復帰してからも苦難が続きます。見た目に受傷前と何ら変わりはないので、周囲から「通常のこと」ができると思われてしまいます。今までできていた業務がまったくできない、毎回のようにミスしてしまう現実を突きつけられる日々で、本人はパニック状態になっています。高次脳機能障害のある人が、自分のことをきちんと把握できるようになるまでに一般的に数年はかかるでしょう。もしくは一部には自分の病状を把握できない方々もいるかもしれません。

　障害者手帳を取得した方の中には、「障害者雇用」で就職する方がいます。障害を開示して応募し、面接では希望する配慮を申し出て、選考が進み、採用されますので、職場で障害のことが理解されている点では本人のストレスが軽減されるでしょう。しかし、「障害者雇用」であっても、周囲からの期待と本人が実際にできることのギャップがあります。何ができて、何ができないのか、どのような環境で負荷がかかってしまうのかをリストアップして、お互いに何をどこまでお願いしたいのかを摺り合わせていく必要があります。

　高次脳機能障害という診断名がついていても、症状や重症度は個々に異なりますので、一人ひとりの状況を周囲が理解することが何よりも重要です。当然のことながら、仕事のパフォーマンスも人により異なります。仕事に意欲的に取り組み、結果を出している場合には、本人のモチベーションアップのためにも、今後は障害者雇用とはいえ、画一的ではない雇用・賃金制度が必要になるでしょう。

（2）誤解されやすい高次脳機能障害の特徴

　職場や作業に慣れてきても、ほかの課題が出てきます。パソコン入力などはかなり速く的確に仕事ができるのに、「うっかりミスが多い」、あるいは「報告・相談・連絡ができない」という評価が出てくることがあります。「うっかりミス」については、「ほかの人に自ら声をかけて確認することができない」「メモをとるタイミングがわからない」ことによる確認ミスが原因です。「仕事の内容でわからないことがあったとき、聞くことができない」「報告ができない」というのも高次脳機能障害の特徴です。「ミスが多い」原因は、休憩の回数が少なくなることにより、疲労による注意や記憶力などが低下することだと思われます。

　高次脳機能障害のある方が誤解されやすい理由は、体の不自由はほとんどなく、体力はある場合でも、「疲れやすい脳」であることです。

　精一杯働いている脳は疲れやすいので、こまめな休憩を取ることが必要になります。また、できることとできないことの差があっても、どこまでが障害による症状であるのかはっきりしないことも、誤解されやすい理由でしょう。「間違った点を指摘しても、何度も同じ間違いを繰り返し、反省しているように見えない」、「やる気がないのではないか」という誤解にもとづいて評価をされてしまうのは、とても残念なことです。職場での円滑な関係が損なわれないように、支援者が定期的に職場を訪問し、職場でのコミュニケーションが円滑にいっているかどうか確認するのがよいでしょう。職場の理解と支援者のサポートにより、高次脳機能障害のある方は安心して就業継続できるに違いありません。

（3）就労支援機関の活用

　第3章（131頁）でジョブコーチによる支援を紹介しています。ジョブコーチ制度を利用することにより、職場での業務内容の設定から業務

遂行能力の向上まで、職場に慣れるまでの手厚い支援を得ることができます。業務内容にまでは踏み込まずとも、新しい職場に定着するまでの間、さまざまな就労支援機関から支援を得ることは非常に有効な手段として知られています。

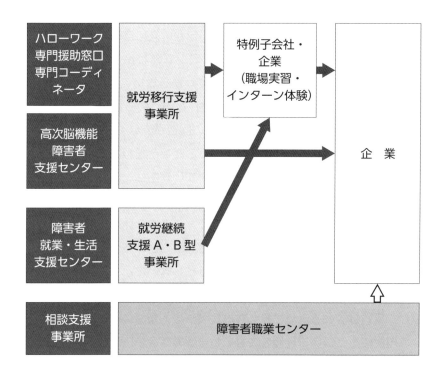

　上図の利用可能な障害福祉サービスの窓口については、後掲の【就労支援に関わる窓口】（165 〜 172 頁）で紹介しています。

7　理解と支援のポイント

　高次脳機能障害の症状は、その場の環境や対応する相手によっても、現れ方が異なる場合があります。周囲の環境を整えたり、対応の仕方を工夫するなど、適切な対応を行えば、時間はかかりますが、それまでできなかったことがこなせることもあります。正しいやり方を繰り返し伝え、実際にやってもらうことにより、新たに身体で覚えてもらうようにします。周囲の人は一度失敗したからといって大騒ぎすることなく、地道に対応を繰り返すようにします。

（1）周囲の理解

　本人をよく知っている場合は、以前と人がすっかり変わってしまった、今まではできていたことができなくなってしまった、とさまざまな変化を感じているでしょう。本人が状況の変化をよく理解していない場合もありますが、一方で、今までできていたことができなくなったことを本人が理解している場合もあります。今まではできていたという記憶がある場合は、そのことにプライドもあります。以前できていたことができなくなってしまったことは事実でも、それを言われることで傷つきますし、できないことを指摘されても素直に受け入れられない方もいるでしょう。まずは周囲が本人の障害の受容の状況と気持ちを理解することから支援が始まります。

（2）当事者の気持ちに寄り添う

　見た目には何も問題がなさそうに見える高次脳機能障害を持つ方の行

動や反応の一つひとつに「どうしてそのような行動をとったのだろうか」「なぜこんな風に反応するのだろうか」と想像力を働かせると、その人の思考が理解できるようになり、その人への適切な対応を考えられるようになります。適切な対処法を繰り返し実行していくことにより、できることが一つひとつ増えていきます。繰り返し行って習慣にしていくことは非常に手間がかかりますが、周囲は根気よく対応し、接していくことが大切になります。根気よく接することにより、ゆっくりと少しずつ改善に向かっていくでしょう。すぐに結果を求めて本人を追い込んでしまうことがないよう、忍耐力をもって接していただければと思います。

（3） ツールの活用と環境調整

　脳の失われた機能をほかの方法（例えばタイマーや手帳、作業手順表の利用など）で置き換えると効果的な場合があります。高次脳機能障害を持つ方は障害の影響により周囲のさまざまな情報を受け取ることが苦手となっています。その方にあわせて生活空間を整えるのはもちろんですが、対応する人の適切な声かけや支援方法を統一することが大切です。

8　コミュニケーションの取り方

（1） 周囲の心構え

① 以前できたことと比較しない
　何かにつけて病前の能力と現在の能力を比較するのは、本人の自尊心を傷つけ、自信を喪失させます、何よりも本人は大きなショックを受け、以前はできていたことができなくなったことにもどかしさを感じていま

す。プライドを傷つけられたことで、本人が暴言を吐くこともあるかもしれません。そんな自分に大きなストレスを感じ、ますます自信をなくしてしまうこともあります。

② 正しいことを伝えればよいとは限らない

　指導役の社員が業務を指導する際、障害のある社員のやり方が間違っているときは「間違っている」と伝えなければなりませんが、正しいことをただ伝えればよいとは限りません。「なぜ正しいことを伝えて悪いのだろうか？」という疑問を、周囲の方々が持つのは当然です。しかし、「以前はできていたことができなくなってしまった」「頑張っているが思うようにできない」状態の本人に、「次回はできるようにしましょう」「ペースは守りましょう」と声かけすることは、どんなに穏やかに伝えても、できなかったという事実には変わりなく、それらの声かけによって傷ついてしまうことがあります。

　業務を進めていく上では、問題解決思考が欠かせないものですが、障害のある方の個々の状況を理解し、職場環境および業務に慣れるまでは、急激に問題解決志向を行わず、当事者に寄り添った対応をすることも必要です。日々当事者の様子を観察して、適切な介入のタイミングを探る必要があります。

③ ポジティブな言葉をかける

　周囲は「がんばって」と簡単に声をかけてしまいがちですが、声かけにも気遣いが必要です。必死に頑張っている側とすれば「これ以上どうやって頑張ったらよいのだろう」と思い、「何で自分はできないのだろう」と気持ちが落ち込んでしまうかもしれません。

　以前の能力と比較し、「どうしてできないの？」「もっと頑張って」と言ってしまうと、本人を追い詰めてしまうことになります。少しでも何かができるようになれば、「頑張りましたね」あるいは「いつも頑張っ

ていますね」という、現在の状態に対してのポジティブな声かけをするのが一番効果的です。「どうしてできないの？」「もう○年も経っているのだからできるでしょ」など、当事者の不自由さと心情を理解しない発言をしてしまうのは、支援者あるいは一緒に働く方の言葉としては失格です。不用意に本人を傷つけてしまう言葉を発することのないよう、障害のある方の状況を理解した上で、常にポジティブに声をかけていただくことをお願いしたいと思います。

④ 時間の猶予を与える

　高次脳機能障害のある場合に限らず、横から急かされたり、プレッシャーを与えられると緊張し、かえって失敗してしまうことは少なくありません。焦りや緊張は、普段の生活の中でもよくあることですが、高次脳機能障害のある方はさらにプレッシャーを感じやすくなっています。

　周囲は高次脳機能障害のある方がうまく作業ができていない様子を見て、手伝ってしまいがちですが、これは本人の能力を奪う結果になってしまいます。麻痺がない方の場合は特に、時間をかけてやればできることがたくさん増えていくでしょう。また、動作を最後まで自分で行わせることで、本人ができないことを認識できるようにもなります。

　一方で、時間を与えてみたものの、なかなか次のステップに進めないときには、いったん作業を打ち切り、休息をとるといったメリハリも必要です。

（2）支援者も悩んでいる

① 特例子会社の場合

　身体、知的、精神、発達障害などさまざまな障害のある方が大勢働く特例子会社では、一般の企業より高次脳機能障害のある方の受入れ経験

が多いはずですが、高次脳機能障害のある方を意識した支援経験は少ないかもしれません。それは、主に身体障害のある方や知的障害のある方の雇用が中心であることから、それらの障害の持つ困難さや必要な配慮、対応方法などが知識のベースとなっているからです。高次脳機能障害についての認識が十分でないと同時に、具体的な特徴を意識せずに採用している場合も多いと思われます。

　特例子会社のようにさまざまな障害のある方が働く職場では、ほとんどの社員に何らかの障害があることが普通です。そのため、業務遂行上の課題や本人の申出による配慮依頼については、個々の障害内容を意識しなくとも常に適切な対応を試みることが可能と考えられます。障害のある社員をサポートするスタッフには幅広い知識と経験があるため、一つの障害について詳しい知識を持っていなくても、経験により培ってきた知識で起こり得るさまざまな問題に十分に対応できるからです。

② 一般企業の場合

　一般企業が障害者雇用を進めようとして、初めて高次脳機能障害のある方を受け入れるとなると、求められる忍耐力は特例子会社のスタッフの比ではありません。目に見えない、わかりにくい障害であるからこそ、最初は高次脳機能障害に関する書籍で知識を習得しますが、実際の対応を積み重ねることでわかっていくことも沢山あります。障害のある方の指導は、決して1人の社員に任せきりにせず、職場全体で障害特性を理解し、適切な配慮を提供できるように、当該社員の課題も含めた状況を全員で共有する必要があります。そして、高次脳機能障害のある方への対応では、成果を急がず、忍耐力を持つことが何よりも大事です。

（3）指導する社員の疲弊

　障害のある社員をマンツーマンで指導する担当者を社員の中から選任

している場合、従来の業務に加えて、新たに障害のある社員の指導をすることになると、指導のほうにかなりの時間を取られてしまいます。障害による特性は一見しただけではわからず、ある特定の場面を迎えて初めてわかることもあります。事前に想定することは不可能で、現れた事象に対して、その都度適切な対応を検討していくことになります。

　指導担当者は、従来担当していた業務に障害のある社員への指導が加わることで、相当の負荷を抱えることになります。職場への配置後も担当部署（あるいは担当者）だけに任せきりにせず、職場全体、会社全体で支える体制を構築することが重要です。そのためには、上司または人事担当者も、一緒に働く社員の話に耳を傾け、特定の部署や社員が負荷を抱え込むことがないように心がけます。指導に関わる社員の担当業務の量を調整することや、障害のある社員の指導を評価やインセンティブの対象とすることなど、最も効果的な方法を検討していく必要があるでしょう。

9 雇用を促進するために

（1）就労までに必要な準備

　障害のある方が就労するためには、いくつもの段階があります。毎日を正しい生活リズムで過ごせて、毎朝自分で身支度をして会社に出勤できるかどうかなど、まずは生活のベースを整えることが基本です。就職活動の準備として効果的なのは、再び就業開始するための準備期間としての訓練受講で、企業などでの一般就労を希望する人は就労移行支援を使用します。

　就労移行支援事業所については168頁で詳しく説明しますが、就労

などを希望する障害のある人が、パソコン研修やビジネスマナーなど、企業で働くために必要な知識とスキルを身につけるほか、毎日の通所により基礎体力の向上や集中力・持続力をつける訓練を行います。

　長い就労経験のある方の場合、「自分には必要がない」と思うかもしれませんが、怪我や病気によるブランク期間を埋め、集中力や体力などの現在位置を確認するためにも、就労移行支援の利用は重要です。また、実際の職場と同様に就労移行支援事業所内でも職員や訓練生同士のコミュニケーションが発生します。体力のみならず、事業所内でのコミュニケーションへの適応具合を確認することができます。

　採用する側から考えれば、怪我や病気により仕事をしていないブランク期間が長くとも、この就労移行支援事業所などの支援機関を利用した高次脳機能障害のある方であれば、通所の状況や訓練中のアセスメントも本人もしくは事業所から提供されますので、想定業務が可能であるかどうかの見極めがしやすくなる情報が得られます。

　また、就労移行支援利用中に企業での実習も度々実施されます。企業では就労移行支援事業所の訓練生を実習で受け入れることで、障害への理解が進みます。特に初めて障害者を受け入れた事業所では、どのように接したらよいかわからなかった企業の社員も、作業に一所懸命に取り組む障害者の姿を見て、最初に抱いていた不安は吹き飛び、一緒に働くというイメージを持つことができるでしょう。

（2）支援できる人材が求められている

　第3章で、精神・発達障害者の就職件数が急激に増加していることを紹介しました。この就職件数の伸びは、ここ数年間で精神・発達障害者の就労に関する理解と啓発が著しく進んできた成果ともいえます。発達障害の特性の理解が進み、各々の特性に応じた合理的配慮についても具体的に知られるようになってきました。高次脳機能障害の特徴の中には、

発達障害の特徴と相似する部分が多くあります。

　こうした背景から、社会で発達障害が知られるようになってきた現在、高次脳機能障害についてもよく知ってもらうチャンスが到来したといえるのではないでしょうか。発達障害を理解できる下地があった上で、高次脳機能障害を理解し、より寄り添う支援を身につけた人材は、社内の「スーパー支援者」にほかなりません。

　そうした人材は、障害者雇用にかかわらず多様な人材に対応することのできるスーパー人材ということになります。現在の企業では、男性、女性、障害者、外国人、高齢者などさまざまな人材が、それぞれに異なる雇用形態で働く職場が増えています。このように多様な社員をコーディネートできる人材はますます求められていますので、そうした人材の登場と、前例にしばられない、働く意欲のあるさまざまな人材を受け入れる柔軟な状況が整ったとき、障害者雇用は画期的に進むでしょう。現在の障害者雇用に積極的に取り組んでいる企業の各職場で、あとほんのもう少し当事者に寄り添う支援が可能となったとき、高次脳機能障害のある方の雇用が画期的に広がっていくことでしょう。

就労支援に関わる窓口

(1) ハローワーク

　ハローワークでは個々の障害の状況や適性、希望職種などに応じて、職業相談、職業紹介、職場適応のための助言を行っています。障害者に限定した求人の検索・応募が可能です。そのほか、面接に同行するサービスが実施されているほか、就職面接会も開催されています。職業紹介を行うだけではなく、地域障害者職業センターにおける専門的な職業リハビリテーションや、障害者就業・生活支援センターにおける生活面を含めた支援を紹介するなど、関係機関と連携して支援を行っています。

（全国のハローワーク一覧）

https://www.mhlw.go.jp/kyujin/dl/h24_enchoshisetsu_itiran.pdf

(2) 地域障害者職業センター

　地域障害者職業センターは、独立行政法人高齢・障害・求職者雇用支援機構が運営し、各都道府県に設置されている就職準備・定着、復職を支援する専門機関です。障害者手帳の有無を問わず、障害のある方を対象に、就職・復職に向けた相談、職業能力などの評価、就職前の支援、就職後の職場適応のための援助などのサービスを提供しています。

　◎就職準備支援

　　利用者への職業準備支援は、職業カウンセラーによるヒアリングや各種検査（ペーパーテスト、作業検査）を行い、その後に職業評価の

説明が行われ、職業準備支援カリキュラム計画（就職活動準備講習や作業・対人技能トレーニングなど）の提案が行われます。

◎職場定着支援

　雇用継続に向けた支援としては、職場定着支援（職場適応指導）があります。就業中の障害のある社員が担当する作業のスケジュールの組み方から実際の作業までマンツーマンで指導し、作業への理解を進め、一人で作業がこなせるようサポートを行います。業務の習得に時間がかかる人の場合は、職場適応援助者（ジョブコーチ）の支援が有効です。本人が職場に定着していくための支援を行います。

◎相談支援（採用後のフォローアップ）

　業務遂行能力に問題はなくとも人間関係に苦手さのある障害のある人に対しては、職場を定期的に訪問し、本人の不安や疑問を聞きとり、適応状況などを把握し、助言を行います。その社員の特性に応じ、他の社員との関係作りなどをフォローし、職場に定着できるまで支援を行います。この相談支援は目安として半年程度経過後は障害者職業センターから地元の就労支援センターなどに引き継がれていくことになります。

（地域障害者職業センター一覧）

http://www.jeed.or.jp/jeed/location/loc01.html#03

（3）区市町村障害者就労支援センター

　障害者の就労支援と生活支援を一体的に行い、地域で働くことを支援します。その区市町村在住者などが対象です。

（4）障害者就業・生活支援センター

　障害者就業・生活支援センターは、より身近な地域において、雇用、保健福祉、教育などの関係機関の連携拠点として、就業面および生活面における一体的な相談支援を実施します。

（5）国立職業リハビリテーションセンター

　中央広域障害者職業センターと中央障害者職業能力開発校から構成され、障害者に対して一貫した職業リハビリテーションを実施しています。障害のある方への職業適性などの理解・把握のための職業評価、就職に必要な技能・知識などの習得のための職業訓練、就職に必要な情報提供、指導を行う職業指導など、個々の特性・能力に応じた支援をしています。

（6）障害者職業能力開発校

　障害者職業能力開発校では、障害のある方が働く上で必要な基礎知識や技術を身につけるための職業訓練を行います。全国 19 校の障害者職業能力開発校のほか、全都道府県において企業や社会福祉法人、NPO法人、民間教育訓練機関など、地域の多様な能力開発施設を活用して、個々の障害者に対応した内容の委託訓練を実施しています。

　詳しくは、障害者職業能力開発校、ハローワークで相談することができます。

（7）障害者委託訓練事業
　　（障害者の多様なニーズに対応した委託訓練事業）

　ハローワークと連携し、障害のある方が仕事をする上で必要な知識や

技能を身につけるため、社会福祉法人、NPO 法人、民間教育機関など、地域のさまざまな機関を活用した短期の職業訓練です。

　＜訓練コース内容＞
・知識・技能習得訓練コース（パソコン基礎・応用、清掃、軽食喫茶業務など）
・障害者向け日本版デュアルシステム（事務作業で必要なパソコン操作と職場実習など）
・実践能力習得訓練コース（事務補助、清掃など。雇用を検討している企業などを委託先とし、実際の職場環境を活用した実践的な職業能力の習得を目指す）
・e- ラーニングコース（都内在住で、訓練施設への通所が困難な障害者などを対象、在宅でインターネットを通じて IT 技能の習得を目指す）
・在職者訓練コース（企業などで働いている障害者が対象。雇用継続と職域拡大のために必要なパソコンのスキルアップなどを目指す）

（8）就労移行支援事業所

　行政により認可された各種団体・法人が運営する事業所で、企業などでの一般就労などを希望する障害のある人（65 歳未満）を対象に、就労に必要な訓練や就職活動の支援、職場定着支援を行う事業所です。就労移行支援事業所の中には高次脳機能障害のある人を専門とする事業所も出てきています。利用期間は最大 2 年間で、基礎体力の向上や集中力・持続力の習得訓練を行った後、実際の就職活動を行います。カリキュラムは各事業所によって異なりますが、ビジネスマナーや報告・連絡・相談などの、働くために必要なコミュニケーションスキルの訓練もあります。中期以降、就職準備コースに入れば、職場見学や一般企業での実習

を経験し、本格的な就職活動に入ります。

　就労経験がある方も少ない方も、自己理解、ストレスへの対処方法以外に職場で必要なコミュニケーションを理解し、習得することが重要です。復職支援の一環として、リワーク支援施設ではなく、この就労移行支援事業所を利用し、報告・連絡・相談などの、働くために必要なコミュニケーションスキルなどを学ぶ人もいます。就労移行支援事業所は年々増加していますが、どこの事業所も見学、体験することができます。自分の状況や特性にあった事業所を見つけるのがよいでしょう。

（9）就労継続支援事業所

　就労継続支援は、一般企業などでの就職が困難な方が、就労の機会を持つとともに、生産活動を通じて知識と能力の向上のために必要な訓練などを行うことを目的としています。利用者が事業所と雇用契約を結び、原則として最低賃金を保障する「雇用型」と、契約を結ばない「非雇用型」があります。かつての授産施設や福祉工場などが移行して設立しています。

◎就労継続支援A型事業所（雇用型）

　障害者総合支援法に基づく福祉サービスの一つで、現時点では一般企業での勤務が難しい65歳未満の方に、障害に配慮した環境や作業を用意し、雇用契約に基づく就労の機会を提供します。利用制限はなく、給与が支払われます。利用者はA型事業所との間で雇用契約を結ぶので、基本的には最低賃金額以上の給料が支払われます。厚生労働省の社会福祉施設等調査によると、A型事業所は2017年時点で3,776事業所、利用者は7万684人です。

　勤務形態は事業所ごとにさまざまですが、1日の実働時間は4〜8時間程度であることが多く、仕事内容としては、カフェやレストラン

のホールスタッフ、パソコンによるデータ入力作業、パッキングやラッピングなど、業務は多岐にわたります。

◎就労継続支援 B 型事業所（非雇用型）

　就労継続支援 B 型とは、障害や難病のある方のうち、年齢や体力などの理由から、企業などで雇用契約を結んで働くことが困難な方に対して、軽作業などの就労訓練を行うことができる福祉サービスです。年齢制限はなく、障害や体調に合わせて自分のペースで働くことができます。事業所と雇用契約を結ばないため、賃金ではなく、作業に応じて「工賃」が支払われます。

　厚生労働省の社会福祉施設等調査によると、B 型事業所は 2017 年時点で 1 万 1,041 事業所あり、利用者は 25 万 8,357 人です。

　なお、就労移行支援と就労継続支援は、障害福祉サービスの中の訓練等給付に位置づけられています。利用するためには、市区町村に申請し、障害福祉サービスの必要性などの調査を経て支給決定を受ける必要があります。詳しくは、お住まいの市区町村の障害福祉担当窓口や、都道府県が指定する指定相談支援事業者などに相談することができます。

（10）高次脳機能障害リハビリテーションに関わる支援機関および相談窓口

◎高次脳機能障害情報・支援センター

　国立障害者リハビリテーションが運営する下記のサイトでは高次脳機能障害の基礎知識、医療やリハビリテーションに関する情報、全国各地の相談機関、生活や就労に関する支援制度、福祉サービスなどの情報を紹介しています。

　http://www.rehab.go.jp/brain_fukyu/

◎東京都心身障害者福祉センター

　障害のある方が抱えている医療、教育、職業などのさまざまな問題について、専門職員が相談に応じ、必要な指導や訓練を行っていますが、高次脳機能障害支援普及事業の支援拠点として高次脳機能障害のある方への相談・支援などを行っています。高次脳機能障害者のための就労準備支援プログラムの中では、高次脳機能障害評価を含む基礎能力評価、模擬的な職務課題による評価、障害の理解を促すグループワークや講習会、代償手段の獲得支援などを行います。

・東京都高次脳機能障害者相談支援体制連携調整委員会
・高次脳機能障害専用電話相談
・就労準備支援プログラム
・社会生活評価プログラム

◎東京都立中部総合精神保健福祉センター

・精神福祉相談
・通所リハビリテーション

◎高次脳機能障害支援拠点機関

　各都道府県に設置されている高次脳機能障害の専門支援機関です。生活のしづらさを感じている本人や家族のための相談支援を行っています。

全国の相談窓口（平成 31 年 4 月 1 日現在）

　http://www.rehab.go.jp/brain_fukyu/soudan/

（11）高次脳機能障害者を地域で支える仕組み

　高次脳機能障害のある方の社会復帰に向けては、医療・保健・介護のみならず、年齢や多様なニーズ、教育から就労まで、地域のさまざまな機関、多職種による連携が必要になります。

　就労してからも個々の障害の状況は多様で、受け入れた職場での理解不足も考えられますので、特に就業開始直後の支援は重要です。人事異動による上司や指導係の変更により人間関係の課題が発生することがあります。作業内容の変更、手順の変更など、周囲はちょっとした変更なので問題はないだろうと考えていても、実際の変更による影響が発生し、課題が浮かび上がってくることもあります。高次脳機能障害のある方が長く安定して就業継続していくためには、就労においても支援者が欠かせません。就労しながら、地域で生活をしていくためには医療、福祉に加え、就労の支援者のサポートが重要です。

　地域の支援機関といち早くつながり、安定して就業継続を目指していただくことを願います。

■地域支援ネットワーク　イメージ図

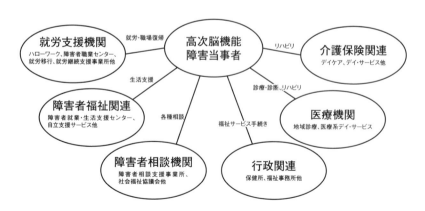

出典：東京都「高次脳機能障害者地域支援ハンドブック」（改訂第四版）、一部改変

ジョブサポートパワー株式会社
代表取締役

小川　慶幸

高次脳機能障害のある方の雇用事例

1. 障害者が働く会社

　特例子会社をご存じでしょうか。障害者雇用促進法のもとで障害者雇用率制度において障害者の雇用の促進および安定を図るため、事業主が障害者の雇用に特別な配慮をした子会社として設立した会社で、2018年6月1日現在、486社で2万3,488人の障害者を雇用しています。ジョブサポートパワーも2001年1月に設立し、2003年3月に特例子会社として認定されました。さまざまな特色のある特例子会社がありますが、共通していることは、一般的に障害に対する必要な配慮がしやすく、障害者にとって働きやすい環境が提供できるということではないでしょうか。

　当社での配慮の一例として、定期通院支援制度があります。治療をしながら働くことを余儀なくされる障害者の方もたくさんいます。毎月1〜2回の定期通院が必要な社員もいます。腎臓機能障害の場合には、週に3日、4〜5時間の人工透析を受ける必要がありますが、働くこと以上に生命を維持するためには必要なことですから、完治するまでは生涯続けていくことになるわけです。

　一般の企業でも、障害や病気治療のための通院に対する配慮内容の違いはあっても何らかの配慮はできると思いますが、「障害者の方が働き

やすいか、働き続けられるか」という点でみると、果たして配慮になっているのかと疑問に思うことがあります。特例子会社は障害があることを前提に障害者の方を採用しているわけですから、必要な配慮を含めて障害者が働きやすい環境を整えやすい会社といえるのではないでしょうか。働きやすい環境といっても制度や物理的な場所、設備のことだけではなく、いかに安全に、安心して、安定して働くことができ、働き続けられる環境かということが重要であると思います。

2. テレワークで在宅勤務

　当社では全社員の60%以上の社員がテレワークによる在宅勤務で働いています。働き方改革でも注目されている働き方ですが、企業におけるテレワークの導入率は、13.9%（2017年総務省調査）です。在宅勤務は、障害者にとってはメリットも多いことから、働き方として選択し希望する障害者が増えていると感じます。

　当社では、重度の身体障害者で通勤困難な社員が、全国30都道府県で87名（2019年9月1日現在）、在宅勤務で活躍していますが、社員募集で応募される方の7割以上は精神障害者の方々です。応募される障害者の方の居住地域に企業や仕事がないという場合もありますが、多くの場合は、電車やバスなどの公共交通機関での通勤ができないため、在宅勤務なら働けるということで応募されます。

　当社としても、1人でも多くの障害者の方々に働く機会をつくっていきたいという基本的な考え方に基づいて採用は行っていますが、安全・

安心で安定して働くための十分な配慮や支援ができる体制が整っていないことから、現時点では残念ながら精神障害者の在宅勤務には対応できていません。

　しかしながら、すでに在宅勤務している社員の中には精神的な障害のある方も他の社員と同様に働いていることも事実です。重度の身体障害者で身体障害者手帳を取得している社員の中には、病気や怪我などの後遺症で精神的な障害がある方々がいます。その一つが高次脳機能障害のある社員の方々です。

3.　重度身体障害者と高次脳機能障害

　当社に関していうと、重度身体障害と高次脳機能障害には密接な関係性があるケースが多いと感じています。

　当社のテレワークでの在宅勤務採用は、勤務する上でトイレに介助が必要である、連続して座り続けることができない、飲食に制限がある、服薬・医療機器を装着しているなど、所定の勤務時間中でも体調の管理に時間がかかる場合や介助が必要であることを前提としています。つまり、重度の身体障害で、通勤の困難さやオフィスで働くには制約が多く、就業意欲があっても働く機会が少ない重度身体障害者であることが条件になりますが、病気や事故などで重度身体障害者になった社員の中には、脳に何らかのダメージを受けたことで、身体だけではなく脳にも障害がある社員がおり、こうした点で関係性があるということです。

　入社７年目の左上下肢機能障害で身体障害２級の社員Ｋさんは、30

歳で脳卒中を発症し左半身麻痺と高次脳機能障害が残りました。当社としては重度身体障害者での在宅勤務社員採用でしたが、勤務する上でのKさんの苦労は高次脳機能障害についてのものが中心となりました。

　病気で倒れたときには左半身麻痺だけでなく、左半側空間無視（左側の情報を脳が認識しないため、左側は見えてはいても意識できない状態）、記憶障害、注意障害、幻覚、うつ状態などのさまざまな高次脳機能障害の症状が出て仕事ができる状況にはなかったため、勤務先を退職して6年ほど病気療養に専念した後に、社会復帰に向けてリハビリも兼ねてパソコンの訓練に通い、就業するための準備をしました。

　病気で倒れる前の仕事はシステムエンジニアだったにもかかわらず、パソコンに関する知識が完全に記憶から消えていたことにショックを受けたようですが、当社に入社したときには左半身麻痺と左半側空間無視の症状以外は治まってきている状態で、パソコン操作は問題なくできるまでに回復していました。ただ、日常生活においては、左からの音が聞こえない、左から近づいてくる車に気づかない、道路の右端を歩くが左側の障害物にぶつかるなど、一人歩きは危険であるため外出するにも不便さを感じており、毎日の通勤も困難な状況でした。

4. 高次脳機能障害者が活躍するために

　高次脳機能障害であってもKさんのように長年にわたって活躍できる社員もいますが、残念ながら短期間で離職される方もいます。その違いは何でしょうか。

Kさんの仕事はマクロや関数などを使ったプログラミング業務で、会社の業務効率化のためには必要不可欠で重要な仕事です。同僚や他の社員からも喜ばれ、頼りにされて会社にも貢献できる仕事ですが、Kさん自身が仕事をする上で注意していることは、ミスをしていても気づかないことです。症状のため、左側にある数字や記号などを見落とすことや、体調の良し悪しが影響して集中力が減ったときは、エクセルなら列ごと見えなくなることもあります。セルフチェックしても自分でミスを発見することはできません。誰かにミスを見つけてもらい、注意をしてもらう必要があります。注意をされることは決していい気分ではありませんが、Kさんは自分が間違っていることはわかっているので、注意をされることで気分を害したり、いちいち目くじらを立てるようなことはないと言っています。

　そして、一緒に働く社員もKさんの障害を理解し、Kさんの仕事をチェックすることでミスのない正確な仕事ができるようにサポートしています。「できること、できないこと、得意なこと、苦手なこと」をKさん自身が把握し、一緒に働く仲間にもカミングアウトすることで、人間関係でのトラブルを起こさない努力をしています。

　入社後しばらくしてから、当社の勤務でKさんが一番辛かったのは、「入社当時にシステムエンジニアの経験をプログラミングができるものと勝手に判断されてプログラマーとしての仕事をすることになった時」だと打ち明けられたことがあります。ただ、Kさんのペースで無理なく業務ができたことで、「身につけたいと思っていたプログラミングのスキルアップができたことは、やればできるという自信につながり、うれしい」とのコメントもいただきました。よかったと思う反面、ちょっと

お恥ずかしい話です。

　高次脳機能障害に限らず障害者の方々が安全に安心・安定して働ける
ということは、会社の戦力としてその活躍を期待することであって、そ
のために能力を発揮できる環境をつくり、障害に対しては必要な配慮を
することは当たり前のことだと思います。しかし、もっと大切なことは、
一緒に働く同僚や上司、他の社員との、仕事上でのよい関係づくりなの
だと改めて感じるとともに、Kさんが仕事を続けるために心がけている
という、次の2つのことに思わず納得してしまいました。

　「先までの展望は見ない。短い期間で見ることを繰り返す」
　「和を乱すことはしない。あきらめのよさも必要」

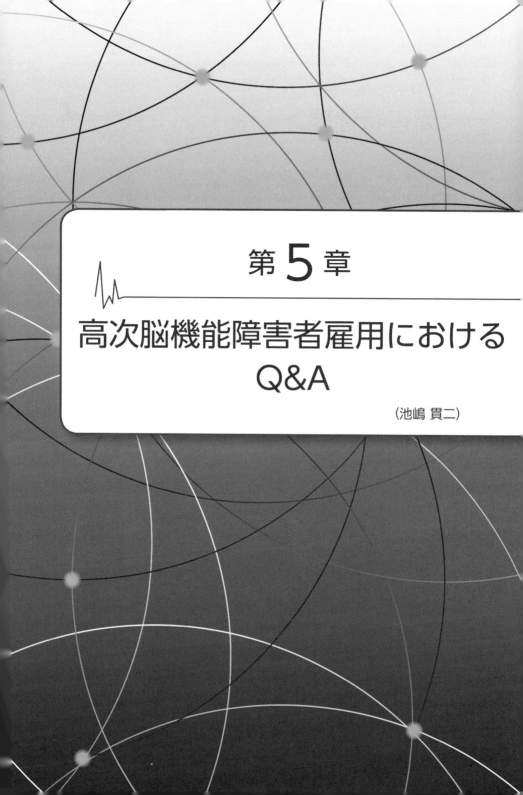

第5章

高次脳機能障害者雇用における
Q&A

（池嶋 貫二）

＜障害特性編＞

Q1 高次脳機能障害、発達障害、認知症の違いがわかりません。

Ⓐ いずれも脳機能に関する疾患および後遺症で、似たような症
状や特徴があるため診断を難しくする場合があります。高次
脳機能障害は後天的なもので事故や疾患による後遺症です。
受傷後の経過や訓練などにより改善が見込まれます。

◎似ている "見えにくい障害"

　事故や疾患が原因で脳が変形を起こすような器質的な病変が確認でき
ることが、高次脳機能障害の定義の一つです。一方、発達障害は先天性
の脳機能障害で、事故や疾患が原因ではありません。

　子供の高次脳機能障害と発達障害は症状がよく似ているといわれてい
ます。子供の高次脳機能障害は、急性脳症や脳外傷などが原因で脳機能
に支障をきたします。乳幼児期では意思表示が十分でないことから、早
期に発見しづらいことがあります。学童期になって問題行動が目立つよ
うになり、発達障害のある子供と同じようなトラブルに見舞われること
から診断が間違われることもあります。成人の発達障害の場合、就労な
ど社会生活の中で対人関係などのトラブルに見舞われて、初めて気づく
ことが多いように、発達障害は環境変化をきっかけに困難さを感じるよ
うになりますが、高次脳機能障害は脳への受傷を境にして困難さを感じ
ることになります。

　また、高齢者の場合においても、アルツハイマー病や脳血管性認知症
などの認知症と間違われやすいです。特に、記憶障害を中心として、認

知力低下などは類似しています。そうした経緯もあり、高次脳機能障害は後々認知症に移行しやすいともいわれています。高齢者の認知症は進行性疾患で、処方やリハビリなどにより遅延や維持させることはできても、改善には至りにくいといわれています。

　思考力や学習能力などの知的能力は、認知症の場合は記憶障害とともに進行して徐々に低下していきます。高次脳機能障害の場合は、受傷により損なわれはしますが、進行するわけではなく訓練などにより改善する可能性もあります。今後の機能回復をあきらめてはいけないということです。

　脳の器質的変化による機能低下により、精神および身体にさまざまな症状を引き起こすことも精神障害の定義に含まれるため、高次脳機能障害は精神障害の枠組みの中に入ります。高次脳機能障害と認められれば、器質性精神障害として精神障害者健康保険福祉手帳の申請対象になります。介護保険制度の介護サービスも条件により利用することができます。

Q2 外見では障害があるのかわかりません。
　　どう理解すればよいですか？

Ⓐ　個々に症状の現れ方は異なり、身体機能に麻痺などの支障を持つなどのケースもありますが、高次脳機能障害は基本的には見た目ではわかりにくい脳機能の障害です。人との受け答えや意思表示の仕方、何気ない日常生活上の振る舞いがうまくこなせないこともあり、生活や仕事において多くの困り感を抱える障害と認識しておくことが必要です。

① 見た目でわかる障害ではない

　高次脳機能障害の特性として、主に易疲労性、注意障害、遂行機能障害、脱抑制（易怒性）、発動性低下、病識欠如などがあります。個々に

障害の程度も特性の出方も違うので、見聞きした情報をそのまま当てはめても、実際の姿とは異なり戸惑うかもしれません。上記のような特性をいくつも持ち合わせており、それらが重なり合って振る舞いを阻害しているものと認識しておきましょう。例えば、周りから声かけをしても、まったく反応がなかったり、急に激高したり、素直に返事はしても動けずにオロオロしたりと、健常者が考える反応とは異なる反応をするかもしれません。

② 混乱と困難さを想像する

　高次脳機能障害のある方は「ぼんやりしている様子なのに非常に疲れている」といわれます。実は頭の中では、情報伝達も処理もうまく動作せずに停滞ぎみになっているため、外目にはボーっとしているようにしか見えないのです。ほかにも、「仕事は問題なく何でもできます」と言うわりには何一つ満足にこなせないのですが、それでもできないことを認めようとせず、周囲の人を呆れさせてしまうことがあります。病識の自覚にも困難さがあり、自分が障害により周囲の人と少し違っていることも自覚できませんし、障害が振る舞いを困難にしている原因であることにも気づいていないのです。できない結果が納得できずに憤っているばかりで、こうしたケースでは、自分を見つめられるまでには相当な時間を要することになるでしょう。

　彼らに翻弄されて、周囲にいる従業員らが疲弊してしまう恐れがありますので、一人で支えるのではなく職場全体で向き合うようにします。今後、当事者の独特な振る舞いを見越して、余裕をもって受け止めるためにも障害特性を十分理解した上で、周囲の人は気持ちを整えておくことが大事です。また、支える姿勢と併せて、当事者自身が今の自分を理解して受容できるように毅然とした指導も必要になるため、辛抱強さと寛容さの両方が求められると考えます。

Q3 本人に障害の自覚がありません。

どうすれば理解できますか？

Ⓐ 高次脳機能障害のある方にとって、障害の自覚を持つことは、そう簡単ではありません。今の自分の状況を正視できる機会を作ってあげて、多くの時間をかけて自らを受け止めることができるように見守り続けます。

① 自己受容への長い道のり

　身体機能の変化はまだ目に見えるのでわかりやすいですが、頭の中で起こっていることは本人にはわかりません。見た目の変化は理解できても、その他のことは「以前と何も変わりない」と、疑うことはないでしょう。日常生活の振る舞いや仕事についても、これまで苦労することなくできていたという過去の記憶しかありません。受傷により低下した脳機能は、冷静に自身を客観視することを困難にしています。今の状況を周囲から伝えても、本人は納得せず、逆に反感を買うことになります。

　高次脳機能障害の自覚症状としては、「感覚が何となくクリアでない状態だけれども、人が話していることはわかるし、答えることもできている」という感じでしょう。それなのに、周囲から言動がおかしいとか変だとか言われても、本人は、今の自分は以前と変わらないし、自分は正常であると自負していますし、それを疑いようもありません。周囲から自分を否定するような問いかけをされれば、健常者であっても困惑と苛立ちを感じるでしょう。本人はそれと同じような状況に置かれているのです。それほど、自分の頭の中で起こっていることを客観的に感じて受容することは難しいということです。

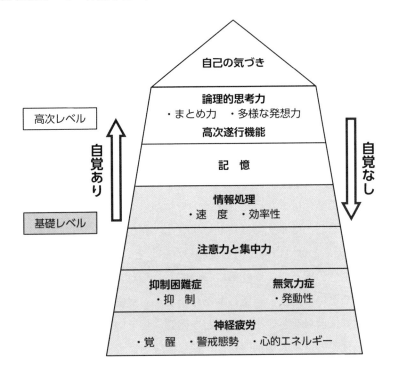

（参考文献）
「総合リハビリテーション」第34巻第5号、医学書院、2006年、[立神粧子「ニューヨーク大学医療センター・ラスク研究所における脳損傷者通院プログラム　「脳損傷者通院プログラム」における前頭葉障害の定義（前編）]」

　脳機能を解説する際によく用いられる「神経心理ピラミッド」※1にも記されているように、自己の気づきは最上位にあります。つまり、自己認知は、訓練や経験を通していくつもの段階を踏み、ようやく最後にたどり着く場所という位置づけで、そう簡単になし得るものではないことも意味します。「いろいろなことができるようになったけれども、ど

※1 「総合リハビリテーション」第34巻第5号（2006年5月）所収の立神粧子氏論文および立神粧子氏らによる著書『前頭葉機能不全　その先の戦略』（医学書院）で紹介されたニューヨーク大学ラスク研究所で作られた「神経心理ピラミッド」

うしても自分の障害のことだけは認めようとしない」という支援者の声を聞くことがあります。障害を自覚できるまでには、それ相応の時間がかかるでしょう。この自覚の程度は、就労や社会生活のためには重要なポイントになります。どのくらい障害が自覚できているかは、採用選考の際の見極めの重要なファクターにもなります。

② 成功と失敗からの気づき

　機能回復を進めるには、小さな成功体験を何度も繰り返していくことが重要です。成功体験の習慣化により自己肯定感も育っていくことになります。できることの幅も広がっていくと、本人のモチベーションも上がりますし、自信もつきます。少しずつできることが増え、難易度も上がっていくという成長の過程をたどることになります。

　その過程の中には、できないことや失敗を経験をすることも含まれています。以前の自分なら、いとも簡単にできていたことができないということもあるでしょう。そうした経験が以前とは違う自分に気づく機会になることもあります。

　ただ、本人が激しく落ち込んでしまうと、余計に不安定な状態になり自暴自棄になってしまいます。そうならないように、周囲はフォローしてあげたり、最終的にはできるように工夫してあげるなど、できる限り大きな失敗体験にならないように見守る必要があります。失敗体験をどう受け止めるかは人により違うため、何事もなくすんなりと自己認知できる人もいるかもしれませんが、基本としては成功体験を積み上げていくことが大事です。

　当事者の心理には波もあり、周囲からの刺激や環境の感じ方も変わっていくので、厳密に成功・失敗体験をコントロールして提供することは難しいと思われます。そのため、個人の特性や状況を見ながら、フォローの仕方や仕事の難易度などの微調整を繰り返し、本人に成功・失敗体験をしてもらうしかないと考えます。

Q4 感情の起伏が激しくて周囲が怖がっています。
どうすればよいですか？

Ⓐ 障害の特性である脱抑制（感情コントロールができないこと）により、感情が顕著に表れているものと考えられます。問題行動発生時の対処（退避など）を事前に本人と決めて行動するように指示します。問題行動への対応に混乱しないよう、周囲にもその旨は周知しておきます。

① 敏感な感情

　感情コントロールができない脱抑制のため、感情が露わになりやすくなっています。易怒性も高くなり、ちょっとしたことでも気に障り、イライラして大声を出したり、誰もがびっくりするような暴言を平気で吐いたりします。人によっては不適切な行動をとることもあります。

　感情を爆発させる例として、少しでも不快に感じていることやこだわりに触れられることで抑えが効かなかったりします。自分の思いが相手に正しく届かず、間違って受け止められたというもどかしさや苛立ちが感情を動かすこともあります。ほかにも、自身が受けた指導や注意を自分は否定されたとか、恥をかかされたといった思い込みで怒りを引き起こすことがあります。怒りだけではなく、ときには感情失禁といわれるように、人目をはばかることなくポロポロ涙を流したり、号泣することもあります。予想もできないほどの極端な感情表現をします。

　一般的に、気に障る点は人それぞれ異なり、それに呼応して感情が揺れますが、もし気が高ぶっても、理性が働くことによって冷静に考えて行動することができます。表情も出ないようにすることができます。高次脳機能障害のある人も同様に、気に障る点は個々に異なりますが、高ぶった思いをそのまま吐き出してしまいます。ほかにも、働き始めた当初は大変おとなしいのですが、職場に慣れてくると徐々に感情を露わに

することもあります。慣れにより緊張や不安が軽減したことから感情表現がしやすくなったものと考えられます。

② 問題行動に対する事前のルール決め

　イライラしてきたら、自ら呼吸を整えて気を静める方法や、本人を別エリアに退避させる方法があります（行動療法の一つであるタイムアウト法）。退避後、落ち着いたら言動の理由を振り返り、不適切な行動を自省するように促します。その後は、イライラしたら自ら申し出て退避できるように指導します。これらを行動ルールとして事前に取り決めておきます。記憶障害により問題行動自体をすぐに忘れる人もいるので、あまり時間を空けず指導します。感情や問題行動を抑制できるようになれば、成長という評価につながることも学習させます。

> **Q5** 本人の話が曖昧でつじつまが合わない場合、
> どこまで信用すればよいですか？

> Ⓐ 言葉自体を忘れていたり、意思とは関係ない言葉を用いたりする失語症が原因で、脈絡もない話を口にすることがあります。本当に言いたいことや伝えたい話はありますが、うまく表現できないのです。障害特性を理解した上で話の真意を想像しながら、本人の話に耳を傾けて、足りない点や間違いと思える点は入念に確認しながら話を組み立てます。

① 限られた機能を駆使する

　高次脳機能障害の特性として失語症があります。思うように言葉が出なかったり、言いたい言葉とは異なる言葉を発することがあります。さらに記憶障害が重なることで、話が続かず会話が成立しないこともあります。ほかにも、急な問いかけに対して処理が追いつかず、断片的な記

憶を寄せ集めて、つじつまの合わない話（作り話）を口にすることもあります。これは今ある記憶を頼りにして作られたもので、本人に悪意はありません。そのことを周囲の人は理解しておく必要があります。

② 答えやすい問いかけを心がける

　高次脳機能障害のある方には、一度に多くのことを問いかけても思うような答えは返ってきません。答えやすいように細かく分けて問いかけるようにします。言葉が明らかに違っていたり間違った使い方をしていれば、真意を確かめながら正しい言葉に言い直していきます。最後に組み立て直して確認し合うというルールで対話を行います。「言った・言わない」の齟齬をなくし、記録として残すことができるので、対話の過程の見える化も対応の一つになります。ホワイトボード等に対話を順々に書き出し、お互いに見ながら最後にまとめて確認することができます。その内容を画像や議事録にして保存しておきます。

　障害のある人の中には、手間も時間もかかるため、イライラして気分を悪くする人がいるかもしれません。齟齬がないコミュニケーションを成立させるためには、このようなルールが必要であると事前に取り決めておきましょう。

　他の症状として、問いかけに対して考える様子もなく、「はい、はい、わかった」とだけ即座に返答する“当意即答”や、真面目に考えずに適当に話を返してくる“考え無精”が現れたりします。脱抑制は規範意識も低下させるので、ズルさやいい加減さが目立ってくるのです。ほかにも、子供っぽい振る舞いをする退行や、すぐに人に頼ろうとする依存症も現れ、甘えや怠惰な面が出てくる場合もあります。そのような場合に対しては、その場の雰囲気を切り替えることで刺激（きっかけ）とし、正しい行動を促すという方法もあります。

Q6 そわそわして落ち着きがないことや、ぼんやりして動かないことがあります。どういう状況にあり、どう対処すればよいですか？

Ⓐ 情報過多などにより脳機能が混乱している可能性があるので、静かな環境下に身を置いて休むことが必要です。落ち着いてから情報や環境などを調整して、本人の様子を見ながら指示をして発動のきっかけを与えます。

① オーバーヒートしている脳機能

あらゆる刺激が感覚系を通じて脳に集中します。健常者の場合、意識の有無を問わず、数多くの情報をうまく取捨選択して処理しています。高次脳機能障害のある人の場合は、脳の処理機能が低下しているので、感覚系から入ってくる多くの情報が重荷となります。それらに振り回されることで、注意散漫になりそわそわした振る舞いになるものと考えられます。

低下している脳機能では正常に動作できる力も限られていて、過熱しやすく疲労状態に陥って処理できなくなります。そのため、外目にはやる気がなくボーっとしているように見えたり、人の話を聞いているのかどうか怪しいと思われたりします。人の話を聞いていないわけではないのですが、行動を起こすことができないので、「わかってはいるけど動けない」というのが高次脳機能障害がある人の心境となります。

周囲は、行動できないのは本人の意思ではないことを理解する必要があります。気力の問題ではなく、脳機能の低下が原因なのです。ほかに、失語状態にあると、本人は自分の今の状態をうまく伝えることができません。その場合は、なおのこと周囲からはわかりづらくなるので、何度も声かけして様子を伺うようにします。

② 刺激の遮断と付与

　対応としては、脳を休めるために静かな環境に身を置きます。余計な情報が入らないように環境調整を行います。音や視覚などの刺激が少ない静かな場所に移動して、脳を休めてから本人と向き合って状況を伺います。

　注意散漫になるのは感覚系から多くの情報が入るためで、その対応として入り込む情報を絞り込むようにします。例えば、メールや書面などを使って視覚からの情報だけでやり取りしたり、１対１になれる場所で口頭中心のコミュニケーションを取ったりします。ほかにも、あえて電話の受話器から出る音声だけに集中させて、コミュニケーションをとる例もあります。仕事に従事させる場合でも、一度に詰め込みすぎないようにします。仕事の構造化（細分化、定型化、イレギュラー処理など）を事前に行っておきます。実際に仕事を進める場合は、ゆっくりと１つ話すごとに内容を確認して、１つ進むごとに結果をチェックするというやり方で進めていきます。

　発動性が低い場合には、タイマーなどを使って時間を合図にして行動させます。または、仕事の立ち上がりを手伝って流れを作ってあげます。最初の作業を外からの刺激として引き渡すことで、行動のきっかけを作ってあげます。注意散漫で刺激に対する反応の閾値が低い場合には、その特性を利用して合図や誘導をもって注意の方向を１つに絞り、持続させるという方法も考えられます。

　このように外部からの刺激を与えたり遮ったりすることで、当事者の動きを整えることができます。ただ、当事者本人の状況をよく観察して見極めていないと逆効果になってしまうかもしれません。持続できる力も弱まっていることから、頻繁に刺激を与えすぎると余計にパニック状態に陥る恐れもあるので、限度も考えないといけません。

＜採用選考・雇入れ編＞ ───✎

> **Q7** 採用選考時の見極めのポイントは何ですか？

> Ⓐ 見えにくい障害なので、細かな障害特性や適性などを短期間
> で把握することは難しいです。最低限確認することは、意思
> 疎通が取れることと勤務できる体力があること、必要な配慮
> の内容の３つが考えられます。

◎見極めるべきことは何か

　作業がどの程度できるかも大切ですが、高次脳機能障害を持つ人を採用する場合、就業や集団生活を送るために必要な対人コミュニケーションが挙げられます。指示命令など、伝えたいことの意味がわかるかどうか、それに対して応答できるかなど、最低限の対話ができてほしいと考えます。就業上、確認もできないほど対話がかみ合わないと、労働災害につながる恐れも出てきます。そうならない程度の意思疎通がとれることを求めます。選考の過程で積極的に対話を重ねてみて、話の意図が通じるかどうかを確認します。

　次に考えられるのは、仕事を遂行する上でどんな配慮が必要なのかを確認することです。障害のある人からの申出により、必要な配慮を協議し職場から提供することは、合理的配慮の提供として障害者雇用促進法で義務づけられています。ただし、提供するにあたり、雇い入れる側の過重な負担が伴うような場合には、義務にはあたりません。障害の程度や職場の事情によっては、職務遂行だけでなく職場での安全確保の点か

ら負担の大きい配慮が必要となる可能性もあります。職場側はどこまで配慮できるものか、よく検討する必要があります。

　そして、働き続けるための体力も必要です。毎日通勤して仕事をこなすだけの体力を持ち、持続させることができるかが問われます。普段の体力作りや安定した生活サイクルを送っているかなどの点を確認します。

　ほかにも注意しておかなければならない点がいくつかあります。

●病識・障害受容の度合い

　個人により異なりますが、本人の病識や障害受容の程度も意識しておいたほうがよいと考えます。見た目にわかるものではないので、当の本人が病識や障害をすべて受け止めることは容易ではありません。ただ、就業にあたっては周囲の人とのトラブルも懸念されるので、多少の病識や受容が望まれるところです。自分は周囲の人と違うとか、今はできないことがあるとか、受傷前とは何かが違うという気づきが少しでもあることは、その後の自己受容につながるきっかけになると思われます。

●睡眠を含めた健康状態

　継続して働くためには安定した生活を送ることが大事ですから、睡眠時間などの生活サイクルから、余暇や家庭での過ごし方など、家庭での健康管理について確認しておきます。不安を抱えることから不眠になりがちで薬を服用している人もいます。効用や副作用が強く、仕事に差し障りが出たりするので、薬の服用状況についても聞きます。また、受傷により身体障害を持つこともあります。就労にあたって必要な配慮があるか検討しなければなりません。

●働くことも訓練の一つ

　受傷後に受けている機能回復リハビリテーションは、あくまでも日常生活に戻るための最初の一歩です。これによりすべての機能が改善されるわけではありませんので、働くことで社会生活を送るために必要な機能を少しずつ回復していきます。同時に新たな困難さが露わになってくることもあります。そのことを周囲は受け止めておく必要があります。また、本格的な就労に入る前に、職場実習やトライアル雇用など試行期間を設けるのが賢明です。その結果で継続できるかどうかを検討していきます。

　基本的には、高次脳機能障害のある方に最初から仕事で成果や実績を求めるというのは現実的ではありません。経験を積んで機能を回復させて新たに活躍できるよう支援していくことが職場の役目と考えます。

> **Q8** 採用選考時に申出のあった配慮だけで十分ですか？
>
> Ⓐ　障害者雇用全般において、基本は当事者本人からの申出を受けて、提供可能かを協議して決めます。ほかに考えられる配慮があれば提示し、協議します。高次脳機能障害がある人の場合、本人をよく知る専門支援者らの同席が採用選考時に必要な配慮といえるでしょう。

① 採用選考時に考えられる配慮

　高次脳機能障害がある方にとって、面談や面接は、初めての場所で、面接官とも初対面であり、刺激が多く脳機能への負担も大きくなります。そのため、緊張してしまいパニックになり、質問をされてもうまく言葉が出ないとか、答えられないという状況になるかもしれません。面接官は、本人のペースに合わせるために少し待ち時間をとったり、話しやすくするために会話を導いてあげたりすることも必要です。また、ゆっく

りした会話、書面などの活字の利用、静かな空間環境、面接時間が必要
以上に長時間にならないこと、などの対応が考えられます。

　本人をよく知る支援機関の支援員がいれば同席してもらい、本人から
伝えきれていないことや職場で働くために注意すべき点などの助言をも
らいます。働き始めの頃やトラブル発生時には、本人との仲介役になっ
てもらったり、雇用管理のための指導を仰いだりすることもできるので、
支援員らとの接点は必ず持つようにします。

② 採用募集段階から合理的配慮を

　障害者雇用促進法には、どの事業主にも雇用に際して合理的配慮の提
供を義務づけています。これは採用選考時から適用されます。募集を出
して申込みがあった段階から始まっています。雇用してからの配慮だけ
ではなく、採用選考の過程においても、申出があれば配慮の検討・協議
をしなければなりません。

Q9 どのような仕事（職務）がこなせますか？

Ⓐ　過去の職歴やスキルなどを有していたとしても、就労に必要
な身体能力および脳機能がどこまで回復しているかは不透明
です。初期段階では経歴などに関係なく簡単な軽作業から始
め、得手・不得手を見出しながら、時間をかけて仕事の種類
や量を増やしていくことが望ましいです。

① 見えにくい障害と就労訓練

　受傷後、日常生活が落ち着いてくると、社会復帰のために新規就労や
職場復帰を目指すようになります。しかし、過去に経験した職務や担当
した業務を何不自由なくこなせるかというと、そう簡単ではないかもし
れません。仕事に向き合う中で、低下した脳機能が原因となり、さまざ

まな困難さを引き起こすことがあります。外見だけでは判断できない「見えにくい障害」がもたらす困難さといえます。

　機能回復のための医学的なリハビリテーションプログラムをはじめ、職業訓練を受けている人も多いでしょう。このような訓練は日常生活を送るための基礎もしくは職場への導入支援という位置づけのものです。そのため、訓練を受けたとしても、実際の仕事をすんなりこなせるレベルには達しません。仕事は複数の作業（スキル）の集合体で、複雑な手続きや時間の制約など、職業・職場固有の条件の下で行うものです。実際の仕事をこなすことは、障害のある方にとって高いハードルであるといえます。

② 任せる仕事の可能性

　障害のことをよくわかっていないと、高次脳機能障害がある人の過去の職歴やスキルなどから想定して仕事を割り当ててしまいますし、高い成果や結果も期待してしまいます。

　高次脳機能障害がある方の能力を見るには、過去の職歴やスキルなどにこだわらず、一番簡易なレベルである、「並べる」「揃える」「数える」「綴じる」といった簡単な事務的軽作業からスタートすることが望ましいです。最初は手順書を読まなくても「すぐ見てわかる」というレベルの作業から始めて、個人の理解度に応じた手順書を使っての作業へと進めていきます。出来具合が安定するまでは、時間をかけて何度も反復して習得させます。

　当事者本人に自信をつけさせるには、小さくても成功体験を積み重ねていくことが一般的なやり方です。うまくこなせないと挫折感を生んで落ち込むかもしれませんので、フォローを忘れないようにします。個人にもよりますが、複雑で難解な仕事を失敗することで、改めて今の自分を見つめて、自身の障害について向き合うきっかけになる場合もあります。

現在のところ、どの程度の難易度や領域の仕事までこなせるかは、個人差があってはっきりしませんが、「マニュアルや手順書に書くことができる範囲の仕事」までは可能であると想定できます。これ以上の仕事をこなせるようになることは、受傷前と変わらぬレベルに達したと見てとれることになります。

③ 支援者の姿勢

　個人差はありますが、高次脳機能障害がある方は仕事を習得するまでに、長い時間を費やし何度も反復して覚えていくことになります。管理者や支援者は常に大らかな気持ちを持ち、最初からできなくてもよいとする余裕ある態度で当事者本人に向き合うことが望ましいです。ほかにも当事者本人のフィジカル面だけでなく、メンタルヘルスにも注意を払うように意識しておきましょう。

Q10 仕事における指示の仕方や教え方で注意すべき点は何ですか？

Ⓐ 高次脳機能障害がある方への伝え方や教え方は、個々の障害の特性に応じて違ってきます。しかし、共通していることは、簡単明瞭な指示であることと、根気強い反復指導です。

　障害の状況にもよりますが、業務遂行にあたって考えられる注意点をいくつか挙げると以下のようになります。

① 簡単明瞭な指示

　仕事の指示命令をわかりやすくするためには、短く簡単に明瞭であることが基本となります。指示命令を細分化していき、実際の作業を1手続き（1アクション）で完結できるくらいに区切っていきます。ただ、これにより細分化が進めば、指示数も増えることになります。当事者に

とっては覚えないといけないことが増えすぎて、苦痛に感じる場合もあります。この2つのバランスをどう取っていくかは、当事者の状況を見ながら手探りで調整していくことになります。

　参考までに、認知心理学ではマジカルナンバー（7±2や4±1）で示される括りの情報数が、人が瞬時に記憶できる最大数といわれています。情報の数または1つの情報量が多くなると、覚えることも理解することも難しくなるということです。

　さらに、業務の見える化を進めることも対処策に挙げられます。どこに何があるのか一目でわかるように目印をつけるとか、次の動作に困ったときに見ればわかるマニュアルを整備して手元に配置するという具合に、何事も明らかにわかりやすくしていくことです。これらの対処策は障害がある人だけでなく、他の従業員にも役立つことで、職場全体のメリットとなる方策です。

② 基本は反復指導

　仕事だけでなく、日常の振る舞いもキチンと身につけるためには、反復練習を指導するしかありません。障害の影響で、同じ作業を行っても、できたり、できなかったりと一進一退を繰り返すことがあります。安定するまでには、気が遠くなるような時間が必要になるかもしれません。障害がある人の成長のスピードは健常者が考える速さとは異なり、ずっとゆっくり進んでいくものです。障害がある人と健常者の尺度がそもそも違うものだと認識しておく必要があります。

　反復練習の指導が必要なことはわかりますが、何度も同じ作業をしては注意を受け続けたりすると、モチベーションも下がり飽きてしまうのは健常者でも障害のある方でも同じです。周囲にいる指導者や支援者は、当事者をなだめながらも向き合うように後押ししていかなければなりません。障害がある人だけでなく、周囲の指導者や支援者も忍耐力が必要となります。

反復指導を続けるための対応として、気分を変えるための休憩や別作業を入れて少し間を置いたり、注意障害がある場合には仕事の最初を手伝うなどして、注意を促すための刺激を与えて継続させる方法があります。

③ 意思表示できる機会を設ける

　高次脳機能障害のある方の中には、失語症や発動性低下などで無為状態だったり、伝えたいことをうまく表現できなかったり、言葉をうまく使いこなせない人もいます。また、疲労困憊で自身が弱っていることに気づいていない人もいます。そうした場合には、本人の意思を確かめたり、じっくり聞いたりするために、あえて向き合う機会を設けることが望ましいです。

　例えば、個別面談を定期的に設けて、体調確認やスケジュールチェック、業務報告を行います。その機会を通して、本人の内なる声を拾い上げたり、日々の体調や気分の変化を観察して指導に活かします。

Q11 上司である管理者や支援する同僚が注意すべき点は何ですか?

Ⓐ 障害による脳機能の低下があるため、健常者と同じような対応では無理があります。相手のレベルに目線を合わせることが大事です。障害がある人の小さな変化を捉えるために、一挙一動を見守る姿勢が求められます。反面、心労への負担もあり周囲が疲弊してしまうことから、個人で見守るのではなく職場全体で見守ることが望ましいです。

　障害がある人に臨む姿勢として、以下のようなことが挙げられます。

① わかりやすさと丁寧さ

理解力や処理能力が落ちていることも考えて、ゆっくりとわかりやすく、短めの構文で指示を伝えます。難しい表現や言い回しは使いません。理解ができていない様子だったり反応が遅いなら、伝え方や表現の仕方を変えます。あれこれと見聞きする情報量が多すぎると、脳機能への負荷が高くなり混乱してしまいます。最後には、思考が止まり何もできなくなってしまうかもしれません。負担にならないように当事者の様子を見ながら、伝え方を調整していくことになります。

② 記憶のための記録を残す

手順や予定、注意事項など仕事に関わること、職場生活における約束事など、すべてを記録として、その都度本人がメモをとるという習慣を身につけるまで指導します。これは後になって言った・言わないなどのトラブルが起きないように、履歴としての役割もあります。具体的には、何を指示されたのか、確認することは何か、どこまで進んだのか、どこでつまずいたのか、注意されたこと、忘れてはいけない約束事などを記録として残します。

このメモは、障害者の職場適応促進支援のために（独）高齢・障害・求職者雇用支援機構が開発した「メモリーノート」と同等のものです。本人にとっても、周囲にとっても何かあったときに確認するための拠り所となる重要なものになります。当事者本人だけが記すのではなく、指導者ら周囲の人も内容を確認して補足・加筆して整えていきます。

③ 相手のスピードに合わせること

仕事の指示命令に対する受け答えができても、実は脳機能の処理が追いつかず、十分に理解できていないことがあります。「わかった」と応答しても、実は理解できていないかもしれません。一つひとつの指示が理解できているかを、復唱や身振りなどでアウトプットさせて、本人の

理解の度合を見ながら先に進めます。今、理解できても次の瞬間には、もう忘れてしまう人もいるので、進行ごとに一つひとつ記録をつけて、忘れたら何度でも振り返ることができるようにします。相手のスピードに合わせた指導を心がけるようにします。

④ 慣れと過信に注意する

　仕事に就いてしばらくすると、「できるから指示はいらない」「覚えているからマニュアルなんか必要ない」と、周囲の声を無視して独走する人も出てきます。自分一人で何でもできると思い込んでいることもあります。実際にはミスが多いのですが、自分で気づかないこともあります。仕事ができないことを認めようとしない人もいます。さらに「飽きたからほかの仕事をさせてほしい」と訴えてくることもあります。

　自分の状況を直視することも必要ですし、勝手なわがままは許されるわけではないので、指導しなければなりません。現在の成果を伝えて、次のステップに進むには今の課題をクリアしなければならないという、職場の方針を伝えなければいけません。それを示すためにも、細かく途中経過の状況や結果を残しておかなければなりません。ただ、それだけでは本人は不満しか持たないので、どうすればそのレベルに達することができるのかを説明して、道筋を明らかにして安心させることも必要です。

　慣れてくると緊張が緩和されて、喜怒哀楽が顕著になる場合もあります。易怒性だけでなく脱抑制により辛抱できなかったり、簡単に怠けたりすることもあります。職務遂行のための姿勢や態度など、就業上の約束事を取り決めて、何度も周知しておきます。

⑤ 内面を察する姿勢

　失語症のように、言いたいことがあっても言葉にできないため伝えられないという困難さがあります。口にしていることは本当のことなの

か？真意はほかにあるのでは？と、少し内面を探るような気持ちで声か
けを行い、本人の内なる声を掘り起こしてみるという姿勢があってもよ
いかと思います。

⑥ できなくても続けること

　高次脳機能障害のある方は、さまざまな特性が絡み合い、簡単な作業
をこなすことでも大変な苦労を伴います。作業ができたとしても相当に
神経をすり減らし、ギリギリの精神状態で取り組んでいます。できたり、
できなかったりと前進後退を何度も繰り返すこともよくあることです。
ミスや不手際の一つひとつに目くじら立ててもキリがありません。少し
でもできるように、少しでも継続できるように、根気よくサポートし続
けることが大事です。

⑦ 気負いすぎないこと

　個人差はあるものの、高次脳機能障害がある人の機能改善と成長には
相当の時間を要します。健常者が思うほど、日進月歩のごとく良くなっ
ていくとは限りません。周囲にいる支援者らが気負いすぎることもあり、
より厳しい態度で当事者に向き合っていることがあります。そうした状
況では、障害がある本人だけでなく、周囲にいる支援者もストレス過多
で疲弊してしまいます。

　障害がある人にも感情は移ってしまうものですから、支援者はさらっ
と受け流すくらいの淡々とした態度であることが望ましいです。外部の
支援者らと相談して指導者・同僚としてのスタンスを形作っておいても
よいでしょう。

　当事者のそばに着く支援者が固定していることは、当事者本人にとっ
ては安心できるものですが、支援者の負荷軽減を考慮して、作業パート
や時間ごとに入れ替わるなどの方法も、当事者本人の様子を見守りなが
ら試みてもよいかもしれません。

Q12 職場内での支援の仕方や体制はどうすればよいですか？

Ⓐ 職場全体の協力が必要となるので、組織全体で障害者雇用の教育を行い、職場実習を通して障害者の実像を見て理解してもらいます。外部の障害者支援機関と連携し、受入部門の支援体制構築や支援者教育、職域開拓を実行します。

① 職場の理解と障害の理解

　高次脳機能障害は見た目にわかりにくい障害ですので、職場で働く人の多くは詳しいことを知りません。障害者雇用の意義、組織の事情や方針を理解してもらう教育も大事ですが、当事者の実際の様子を見てもらうことのほうがわかりやすいかもしれません。

　まずは、事前にトライアル雇用や職場実習といった短期就労（訓練）を実施して、障害がある人に慣れてもらうようにします。いきなり雇入れとなると、職場にも従業員にも負担と不安が大きくなります。トラブルの発生で失敗すると、次回以降の雇用が進みにくくなるかもしれません。双方の相性をみたり、職域開拓も兼ねての事前準備を行います。

② 支援機関の活用

　高次脳機能障害は見えにくい障害だけに、どのようなサポートが必要なのかすぐにはわかりません。職場に高次脳機能障害支援の経験豊富な人がいないケースがほとんどですので、職場内部だけで支援を考え実行するには不十分です。外部の支援機関から専門の支援員を招いて、学び習得することが望ましいです。直接の支援方法だけでなく、支援体制のあり方や運用などのレクチャーから困ったときの窓口として役割を担ってもらえるよう、支援機関とのパイプをしっかり持つようにしましょう。

③ 高次脳機能障害のある方の支援体制

　高次脳機能障害がある方の安心感を考えると、専任の支援者を置くことは一番望ましいことです。しかし、現実的には自身の業務もあって負担は重く、疲弊してしまいます。他の同僚や管理者、人事部門などにも分散して役割を持たせ、支援者のフォローもチームとして行う体制が必要です。

　ただ、当事者本人から見ると仕事などで困ったり迷ったりしたときに、尋ねることができる場所や人が複数あると逆に困惑する恐れがあるので、「支援担当窓口」などの一元化された場所を置いたほうがよい場合もあります。そこで職場の支援者らを集約したり、当事者に関する情報共有がされたりすることを取り決め、職場内で周知しておきます。さらに、外部支援員を巻き込み、チーム自体をフォローしてもらいます。

④ 高次脳機能障害のある方とのコミュニケーション

　同じ職場で働く同僚として接することは基本です。特に甘やかす必要もありませんし、子供扱いもしません。対話はわかりやすさと丁寧さを忘れずに行います。相手の話でわからないことがあれば、手間暇かけて１つずつ確認していきます。反対に相手が話を理解しているかどうかは、復唱などさせて確認します。会話だけでなく、使えるツール（メモリノートや手書きボード、ボイスレコーダーなど）を使って意思を交わすようにします。主な障害特性として物事を忘れやすいこと、会話の伝わりにくさがあること、挙動が不安定であることを念頭に置いておくようにします。機能回復は想定以上にゆっくりと改善していくので、支援は気長に粘り強く継続し、余裕を持って、あまり力まないように心がけます。

＜雇用管理編＞

Q13 似たような症状の従業員が在籍していますが、どうすればよいですか？

Ⓐ 現状ではあくまでも憶測でしかありません。本人から障害や受傷歴などの申出があって初めて対応を始めます。そうでない場合は通常の職場および従業員管理の中での対処となります。

① プライバシー情報には慎重さを

　職場の中で他の従業員とは異なる振る舞いをする人がいて、何か事情を抱えているのではないかと本人に確認しようと思案している管理者や同僚らを見かけることがあります。現状、特に職務遂行および職場内でのトラブルがない限り、取り立てて事情を尋ねる必要はありません。根拠もなしに本人に障害の有無などを問うことはプライバシーの侵害と捉えられる恐れがあります。不用意な行動は控えたほうがよいでしょう。同様に、有無をいわさず医療機関への受診を強要することも控えましょう。

　もし問題行動などのトラブルが発生しているなら、従業員管理の範疇で指導・教育していきます。その過程で本人からの申出があった場合に、医療・福祉の支援が必要かを本人も交えて協議します。その後、必要ならば職場として従業員の安全・健康配慮義務の観点から医療機関や支援機関への橋渡しを行います。

② 管理者の過信

　従業員との間に強い信頼関係があり、どんなことでも本音で話し合えるので、障害のことを尋ねることも可能だと考える管理者を見かけます。しかし、信頼関係が強いと思われても、本人の中には踏み込んでほしくない部分もあるかもしれません。無理強いして逆に関係をこじらせてしまう恐れもあり、最悪の場合は訴訟にまで達する危険性があります。取り返しのつかないことになるかもしれませんので、本人に対する障害の確認については慎重でなければなりません。

> **Q14** 事故や疾病から復職した人がいます。
> 後遺症や障害をもっているでしょうか？

Ⓐ 事故や疾病によって必ずしも高次脳機能障害となるというわけではありません。人それぞれで、何の影響も受けず以前と変わらぬ生活を送っている人もいれば、反対に脳へのダメージが激しい人もいます。まずは、無事に職場生活を送れるようにサポートしていきましょう。

① 変わらぬ関係性

　当該の従業員との関係は、基本的には仕事も職場内の関係性についても従前の通りで何も変わりません。事故や疾病に見舞われたとしても変わることはありません。ただ、障害を有して、日常生活を含め何らかの支援・配慮が必要であると診断および判定されたのであれば、何らかの対応を講じることになります。

② 変化していく個人

　高次脳機能障害の診断には、脳の器質的変化（変形など）など、いくつかの要件が揃う必要があります。

人によっては、診断基準には至らないかもしれませんが、脳機能の一部に多少なりともダメージが加わっていて、似たような症状が出てくる可能性も考えられます。障害としての判定に至るレベルではないかもしれませんが、周囲から見ると少し忘れっぽかったり、以前と違って癇癪をよく起こしたり、何を考えているのかわからないような雰囲気があるかもしれません。稀に「以前と比べて少し人が変わったようだ」と感じられるかもしれません。

　必ずしも、事故や疾病だけが原因になるとは限りません。さまざまな経験や環境を通して、人の考え方や人柄は変わっていきます。変化していく個人として向き合い、職場に集う者として関わっていくことになります。

> **Q15** 異動や配置転換における注意点は何ですか？

> Ⓐ 環境変化への脆弱さがあることから、安易な異動や配置転換は不安を増すことになります。本人の意向と適する職場環境、仕事内容、支援体制、そして職場側への影響を見て検討することになります。

① 適職を求めた異動

　当事者がこなせる仕事を探そうと、職場では数多くの作業を試そうとします。すんなりとこなせるのであれば、さらに高度な仕事を試みるというのは通常の流れです。反対に、何をやっても思わしくないからといって、早々に見切りをつけて次々と新たな仕事をさせることは、本人への負担が増すことになります。負の経験ばかりを積み重ねることになり、本人の自己肯定感を下げるかもしれません。

　個人差はありますが、仕事をこなせるようになるまでには相当な時間を要する人もいます。健常者が想像する以上に長く見守りが必要となり

ます。簡単に異動や配置転換をするのではなく、取り組み方を変えて小さな成功体験を積み重ねていくようにします。ほかに気をつけておくことは、見えにくい障害故に本人の中に蓄積される疲労を見過ごす恐れがあることです。体調管理には十分注意を払うようにしましょう。

② 慎重な異動・配置転換

さまざまな理由から異動や配置転換が必要な場合もあります。その際は、本人の意向も聞いた上で、現状の仕事の遂行状況、適性状況、新たな計画を検討・説明していきます。仕事も細分化して徐々に時間をかけてステップアップできる仕組みで準備します。支える周辺体制を整えてから異動を行うようにします。できる限り、本人負担が小さくなるように慎重を期さなければなりません。

Q16 問題行動が多いため雇用継続が難しく、対応に苦慮しています。

Ⓐ 問題行動の原因究明と安全確保のために、障害がある人と職場（従業員）を一時的に切り離すような措置をとります。第三者の立場として外部の支援機関に介入してもらい、問題行動の原因を突き止めて解決を図ります。場合によっては、医療や福祉による見守りが必要になることもあります。

---

① 職場での問題行動と対応

高次脳機能障害がある方の中には、稀に問題行動が目立つ人もいます。仕事中もいい加減な態度をとったり、人の話には適当に相槌を打つだけで仕事をする気もないというような状態となることがあります。規範意識が薄く、ルールや約束を平気で破り、頻繁に周囲の従業員に暴言を吐いたりと、職場の風紀を乱して現場を困らせることもあります。周囲の従業員らがどう対応したらよいのかわからずに疲弊してしまい、職場と

しても雇用の継続を考え直さざるを得ない状況にまで陥ることがあります。

　障害の特性から見ると、脱抑制により欲求を抑えることができず、本能や感情の赴くままに行動する傾向にあります。稀に反社会的な行動をとる人も出てきます。頭ごなしに叱っても受けつけないかもしれないので、まずは双方の安全を考慮して、物理的に職場と一定の距離を置くとか、就業自体を一時的に止めてみて様子を見ます。もし、雰囲気を変えることで冷静に向き合える意識になれば、問題行動を注意して自省を促し、本人の反応を見ます。併せて、家族や外部の支援者とも状況について情報共有を行い、連携して今後の対応を協議します。積極的に外部の支援者に介入してもらい、当事者本人に向けた指導をお願いしてもよいでしょう。

② 障害者の解雇

　職場として、問題行動があるからと安易に当事者を解雇することは、客観的合理的な理由が伴わないとみられ、解雇権の濫用と捉えられる可能性もあり、その場合は当該解雇は原則無効とされます（労働契約法第16条）。これは障害のあるなしに関係ありません。また、常用雇用している障害を持つ方を解雇する場合には、速やかに管轄のハローワークに届出をしなくてはなりません（障害者雇用促進法第81条第1項）。解雇は、当事者にとっても雇用する側にとっても重いことですから、考え得ること、尽くすべきことを行ったのち、改善の見込みや業務および職場に与える影響を考慮した上で慎重に判断し、しかるべき手順を踏んで行うことが必要です。

③ 職場から医療・福祉へ

　雇用する側が考える対応の一つとして、一時的に医療による見守りの下に当事者を置くことも考えられます。医療者による問診やカウンセリ

ング、対処療法などを通して、本人から得られる情報と職場での状況を合わせて、何が問題の要因・起因になっているのかを探り出して対応していきます。

　具体的には、休職期間を設けて医療的な処置を受けることが挙げられます。医療者などが運営するデイ・ケア（通所リハビリテーション）などを利用するのもよいでしょう。さらに、障害者職業センターでリワークプログラムを活用し、職場復帰できるかどうかを見極めていくこともできます。これらの過程をたどるにあたっては、保護者・養護者、支援者、医療従事者、労務・法務の専門家らと協議した上で判断を行います。

　当事者と職場や職務などをとり巻く環境とが、相互に影響し合うことによって事態が好転したり悪化したりします。初めから何事も問題なく定着すれば大変喜ばしいことですが、残念な事態に至らないためにも、外部の就労支援機関を通じて密に情報を交わしながら、職場に適する求職者を選出してもらい、トライアル就労などの試行的な機会を設けたりして、採用時のマッチング精度を上げていくことも重要です。それらと合わせて、職場自体の意識向上や職場内の受け入れ体制準備を整えていきます。

> **Q17** 仕事における目標の決め方はどうすればよいですか？
>
> Ⓐ 高次脳機能障害の特性である記憶障害が仕事の出来具合に大きく影響を与えます。簡単な作業でも安定して成果を出し続けることが最初の目標になります。そのために、時間をかけて何度も反復し、慣れて体得できるように導きます。

① 記憶能力の脆弱さによる弊害

　主な障害の特性として記録能力の弱さがあります。特に短期記憶の弱さから直前の記憶が消えてしまうことがあります。過集中のせいで別の

記憶を忘れてしまうこともあります。こうした特性から、今回できた作業であっても、次回以降はできないかもしれません。できたりできなかったりを繰り返し、思うように仕事が先に進まない時期が続くこともあります。機能回復の限界を感じるかもしれません。反対に、すぐに忘れるため、いつでも新鮮な経験をしていると感じて、何の違和感も持たずに淡々と指示に従って行動する方もいます。

② 最初の目標設定

　このような状況から、数値による高い目標を置いて作業を進めようとしても想定通りには進みません。個人差はありますが、学習による脳機能の回復には相当な時間を必要とします。地道ではありますが、成功と失敗を繰り返しながらも反復して仕事に取り組んでいくことが大事になります。障害がある人の中には、うまく進まないことから途中で挫折したり、飽きてしまったりしてモチベーションが下がってしまう人もいますから、違う作業を間に入れるなどの刺激を加えて、発動性・持続性を維持することも必要です。

　どんなに簡単な作業であっても恒常的にこなせるようになることが最初の目標になります。例えば、今組まれている作業の途中までを支障なくこなすことから始めて、次が最初から最後まで、その一連の作業を1セットとして数セットを繰り返し、その次に日単位でこなすというように繰返しの負荷を上げていきます。数値ではなく、作業の安定性を目標にします。この間、一進一退を繰り返すかもしれませんが、粘り強く繰り返して機能向上を図ります。

　ただし、機能回復の速度は人それぞれで、加速度的に伸びることもあるため、目標設定は都度見直していかなければなりません。高い数値目標は安定して仕事がこなせるようになってからの設定といえるでしょう。

> **Q18** 業務評価やその基準をどのように決めればよいですか？

> (A) 障害の特性を考慮すると、実績だけで評価するのではなく、さまざまな困難さを乗り越えてきた過程も加味し、安定した成果を残し続けることも評価しなければなりません。時間を要しながらも小さな成果を積み重ねていくことは、仕事に向き合うためのモチベーションにもなります。

① なぜ私の評価が低いの？

　障害がある人の中には、「自分は指示・命令通りに仕事や作業をこなしているのにいつも怒られ、何度も注意されてやり直しもさせられる」と愚痴をこぼす人もいます。「面倒な仕事ばかりさせられる」と不満をもち、モチベーションも下がって真剣に仕事に取り組もうとしない人もいます。実際に仕事の評価も低いので、「自分だけ不当な扱いを受けている」と妄想を繰り広げてしまうこともあります。

② 評価の難しさ

　これらは記憶障害によって引き起こされることがあります。仕事の指示だけでなく、できなかったという結果がある事実も忘れています。なぜ注意されるのかわかっていないし、仕事ができていないという事実も自覚しておらず、できていると思い込んでおり、「できる自分」だから高評価されて当たり前と考えています。そのため、評価が低くつけられているので、予想外な内容に驚き、憤りを感じています。

　障害を持つ以前の自分のことはよく覚えているため、「できない自分」が信じられず、今の自分を受容できずにいます。当然、障害なんて持っていないと信じているので、障害者扱いされることを嫌います。仕事もできたりできなかったりを繰り返すため、成長していくには相当な時間を要することもあります。今の姿だけを見ると、評価を低くせざるを得

ないということになるでしょう。

③ 前向き評価に徹する

　障害の程度や個人の特性にもよるので、仕事に携わることで当事者が
どのような成長を遂げるかはわかりません。早期に機能回復する人もい
れば、成長が行き詰まったり、長い間一進一退を繰り返す人もいるかも
しれません。障害の大きさから考えると、回復の道のりは遠く長い時間
を費やすことになります。歩みが遅くとも、小さな成果を１つのステッ
プにして、幾重にも積み重ねていく過程を作っていかなければなりませ
ん。

　記憶障害のために忘れていた自分の実態が自覚できるようになると、
自身の実力がわかることになり、モチベーションが下がってしまうかも
しれませんし、自暴自棄になり機能回復の歩みを止めてしまうかもしれ
ません。ですから、「できないからダメ」ではなく、できるようにその
都度仕組みを変えていきます。歩みを止めないように小さな成果を積み
上げていることや、根気よく継続し続けていることも評価して、モチベー
ションを下げないようにします。

④ 新たな成長を遂げる脳機能

　「脳の可塑性」といって、脳は日々成長変化しているので、昨日と今
日の脳は異なるものであるといわれています。脳がダメージを受けた場
合、治療改善すればすべて元の状態に戻るというわけではなく、新たな
形に変わっていく、使うことで以前とは異なる状態に成長していくとい
うことを示しています。

　障害を持つ前の状態を目指して目標を設定しても、必ずしもそこにた
どり着けるとは限りません。別の言い方をすると、完全に以前と同じ状
態には戻らないということになります。場合によっては、以前はなかっ
た能力を向上させる人がいてもおかしくありません。以前とは違う新た

な姿に生まれ変わるということです。周囲にいる人はそのことも理解した上で、以前とは違う新たな当事者に育てていくという気持ちで向き合うようにしましょう。

> ### Q19 職場生活を送るための具体的な配慮は何ですか？
>
> Ⓐ 業務遂行においては誰もが着手できる詳細なマニュアルや進捗管理表など、仕事や職場での活動を助けるツール類を用意します。崩れやすい心と体のバランスを整えるために声かけや面談などの人的フォロー、こまめな休憩時間や静かな空間の設定などが考えられます。

　個人により障害特性が違うため、すべてが当てはまるわけではありませんが、考えられる配慮をいくつかピックアップします。

① 何でも見える化

　作業マニュアルや進捗管理表などのツール類は見える化の代表例です。さらに、それらを補足するためにさまざまな情報を見えるようにします。例えば、仕事で使うツール類への名札貼り付けやそれらの置き場所マップの作成、指示書やマニュアルなどの置き場所の固定化と表示、支援者となる従業員のスケジュール管理表や担当当番表、座席・在籍表示などを用意します。仕事の遂行だけでなく職場生活においても活動しやすくすることが、当事者にとっての安心につながります。

② 相手のスピードに合わせる

　脳機能の低下により、障害がある人からのレスポンスは一様に遅くなります。ついつい支援者ペースで何事も進めようとしがちであるため、障害を持つ本人はついていけずに困惑し、苛立ちを感じます。比較的ゆっ

くりとした問いかけや余裕をもって応答を待つ姿勢が求められます。無理に遅くするのではなく、その本人のペースに合わせるようにします。

③ ショートコミュニケーション

　相手のペースに合わせたコミュニケーションは大事ですが、ゆっくりだからといって、ダラダラと長すぎる話は意図が見えにくくなります。記憶力に支障がある人の場合は、「結局、何の話だったのだろう」とか、「最初のほうの話は忘れてしまった」ということになってしまいます。一問一答の形で会話のキャッチボールを続けていくようにします。その対話の履歴を取ったり、補助的に言いたいことをメモにして添えたりします。忘れてしまっても、後で見直すことができます。言った・言わないというトラブルを回避するための根拠にもなります。

④ 細かな休憩時間の導入

　高次脳機能障害を持つ方は脳機能が疲弊しやすいため、就業中徐々に反応が少なくなったり、パニックになりやすくなったりします。最後には活動を停止してしまい、仕事が進まなくなることもありますので、できるだけ、短時間でもよいのでこまめに休憩を入れるようにします。就業規則に規定された休憩時間だけでは足りないかもしれません。休憩時間を新たに設ける場合は、個々の労働契約の中でとり決めるか、もしくは運用面で支援者が小休憩の指示をして時間調整をします。障害特性上、一旦休止すると再開しにくくなることもありますので、タイマーや声かけの合図などで発動性を促すきっかけを作るようにします。

⑤ リラックスエリア（静かな空間）の確保

　パニックになったときや感情抑制ができなくなったときに退避して、気を静めるための空間が必要となります。占有利用が難しい場合は、空いている会議室や更衣室、トイレなどを対象エリアに設定することを、

職場全体に周知させて融通しあうように取り決めておきます。

⑥ 定期的な面談

ストレスを抱えやすく、メンタル面に影響が出やすいことから、定期的に管理者や外部支援者らと面談を行うことが大事です。業務についての話でもよいですし、職場生活や日常生活の中での困りごとでもよいので、気持ちを話すことで気が和らぐことにもなります。見守られているという安心感にもつながります。

人と向き合って、じっくり話し合うことも機能向上訓練の一つです。もし可能であれば、これまでの仕事を振り返ったり、これからの予定の段取りを考える機会にしてもよいでしょう。これは思い出すこと、つまり記憶や想像するトレーニングになるからです。

⑦ 安全配慮

脳機能不全をもつことにより、とっさに体が動かなかったり、すぐに判断ができなかったりするために、思わぬ危険に身をさらす可能性もあります。受傷前なら回避行動がとれていたことも、現状ではうまくいかないかもしれません。職場によっては、作業中のミスからケガを負ったり、感情や気分に任せたちょっとした行動で事故に巻き込まれる危険性も考えられます。就業前から仕事中までを通して、職場環境全体の安全配慮・危険予見を心掛けるようにします。

また、周囲の従業員にも周知して見守る姿勢をもってもらい、就業中の当事者を見て少しでも気になることがあれば、積極的に声掛けをしてもらうようにお願いしておきます。例えば、「大丈夫？どうかしました？」という声掛けが刺激となって、意識や思考の向きが一時的に変わり、危険な行動を止めることもあります。このようにして職場全体で安全配慮に努めるようにします。

＜就業時のトラブル編＞

> **Q20** 昨日までできたことが今日はできない。
>
> (A) 記憶障害や遂行機能障害などが重なり、新しいことを覚えられなくなったり、行動の手順がわからなくなることで起きます。当事者に対して、行動を含めすべてのことを記録にして見えるようにすること、記録をとる習慣を身につけることを指導します。

① なぜ仕事が覚えられない？

　個人や状況により差はありますが、昨日までは指導した手順通りに作業をこなしていたのに、今日はどうしていいかわからずに何もできないまま、ソワソワと落ちつかない様子で困惑していることがあります。原因として新しいことが覚えられない記憶障害が挙げられます。ほかにも、いざ行動しようとした場合に何から取り掛かればいいかわからないので動くことができないという、遂行機能障害や発動性の低下が関係していることがあります。いくつもの障害の特性が重なり合ったことが原因となって、できたことができなかったりと不安定な状況を引き起こすのです。

② 記録する習慣をつける

　忘れないようにすることと忘れても補うことができるようにするために、本人の手で記録する習慣を身につけるように指導します。一日の時系列とともに出来事や約束事、発言など、多くの情報を記録します。

記録だけでは動けないので、記録を見ながら最初にすることを指示します。動くための手順・段取りを示してあげます。繰り返し指導することで、自分で書いた記録を見るだけで必要な情報を取り出せるようになります。記録については、支援者らも間違いがないかチェックします。これらをルールとして本人・支援者双方の間でとり決め、運用していきます。困難な状況になったらその記録をみんなで見直して、問題行動を解決するという習慣も決めておいたほうがよいでしょう。

> **Q21** 物忘れがひどすぎて、いつの間にか指示を忘れてしまう。

> Ⓐ 記憶障害のためにすぐに忘れてしまうので、周囲からの指示と確認を細かく繰り返しながら順次作業を進めるというやり方を定型とします。また、必要な情報は見える化したり、困ったときの拠り所となる担当者を配置したり環境整備を行います。

① 「その話は聞いていません！」

　仕事の段取りなどの指示や連絡事項を伝えても、一向に仕事をしないので理由を尋ねると、「指示は受けていない」とか、「そんな話は聞いていない」、ついには「今日は何をしたか覚えていない」と言い出すこともあります。覚えていることもあれば、話した先から忘れてしまうこともあります。記憶にないものですから、特に悪びれる様子もありません。このような状況に至ることの再現性や法則が明確ではなく、いつ起きるのかわからないため、周囲も不安で仕方がありません。記憶障害の特徴として、受傷以前のことは記憶しているが、それ以降の行動や言動などの経験したことを覚えられないともいわれます。自身に障害があることすら覚えられないこともあり、病識欠如にも関係しています。

② 見直す習慣をつける

　どうしても忘れてしまうので、出来事や予定、ＴｏＤｏリスト、約束事など、あらゆることをノートに自ら記述して書き残す（メモリーノート）ことを徹底させます。書き込んだ内容は必ず周囲の人が見て確認することも約束事にします。そして、実際に作業を一つひとつ進めるたびに、ノートを支援者と一緒に見ながら記述内容を指し示して、記憶を喚起させていきます。記録だけでなく、何度も見直すことも習慣にします。反面、情報量が溢れすぎて混乱を招くこともありますから、支援者が確認すべき情報を取捨選択してあげることが望ましいです。

　他の項でも「メモ・記録をつける」ことを挙げていますが、メモをとることは脳機能が低下した人にとって難しい行動になることもあります。メモをとるまでの瞬間的な合間でも記憶ができないこともあります。メモとりには、考えてから書き出すまでに細かな段取りが含まれており、健常者は無意識にこなす行動でも、当事者にとっては困難で面倒くさい行動です。例えば、音としての言葉はわかっても、活字にできない、あるいは別の意味に紐づいてしまうなどしてメモとりがもたつきます。メモをとりやすい環境（機会の提供、余裕ある時間、要約補助と見直し）も必要だということです。

Q22 過激すぎる暴言や妄想的な発言を平気でする。

Ⓐ　障害特性である易怒性が高くなると、些細なことでもイライラして感情を露わにします。過激で不適切な言動が目立つようになります。予兆を感じたら自ら申し出て、別室に退避してクールダウンする取決めをしておきます。落ち着いた段階で不適切な行為を指摘して自省する習慣をつけるように指導します。

① 人が変わるほどの激高ぶり

　周囲から見ると、なぜ？というほど些細な出来事や環境の変化に反応して、周囲が理解に苦しむほどの激高ぶりで、これまで発したことがない過激すぎる言葉を吐いたり、物に当たるなどの不適切な行動をする人がいます。注意しても収まらず、つじつまが合わない適当な話をしたり、平気で言い訳を言うこともあります。

② 脱抑制と易怒性

　脱抑制による欲求コントロールの低下と易怒性による感情コントロールの低下が関係しています。受傷前なら受け流していたことや理性が働いて抑えることができたことにも過剰に反応してしまい、癪に障って感情が爆発しやすくなります。

　感情の表現と受け止め方には個人差があり、家庭・育成環境にもよるので触発するポイントはそれぞれ違っており、他人には理解できない独特さもあります。障害によってより敏感に反応するので、周囲もその意外性に驚いてしまいます。

　ほかにも、脳機能の処理が追い付かず、疲弊していることや自分の思うように言葉を発することができないもどかしさが、イライラさせる原因かもしれません。感情と表現とがうまく連携できず、言葉の選択もままならないため、悪気はなかったとしても、極端な言葉でしか表すことができず、相応しくない表現をしてしまいます。とり留めのない言葉を発したり、人がおののくような荒い言葉を口にします。普段は大人しく口数少ない穏やかな人だと思っていたのに、一瞬にして激高する姿に周囲の人は違和感や嫌悪感を持ってしまいます。

　怒りの感情だけではなく、急に涙をポロポロとこぼし、周囲のことなどお構いなしに大声で号泣したかと思えば、次の瞬間にはケロッと普段と変わらぬ顔つきになっているという、過度に激しい泣き笑い状態になる感情失禁も起こります。しばらくすると、泣いていたことすら覚えて

いないこともあります。これは本人の意思では抑えることができないものです。

　こうした点は、発達障害の特性にも似ているところがあります。強いこだわりや高い固執性があることは知られていて、その頑固で融通が利かないことで周囲との間で衝突が起きます。これは拘った安心・安定から逸してしまうことへの恐れが感情として表れているものと考えられます。

③ 場の離脱とクールダウン

　周囲がムキになって叱りつけても、火に油を注ぐだけで逆効果になるかもしれません。事前の取決めとして、イライラした気持ちなったら、自らその場を離れて一人になり、気分を落ち着かせる行動をとるように決めておきます。そのためには、一人になれる空間（会議室やトイレなどの静かなエリア）を設けておくことが必要となります。本人が落ち着いてから、毅然とした態度で不適切な言動について注意し、一人になって自己の行動を省みるように促します。何も対処せず時間が経つと、記憶障害の影響から不適切な言動を行ったことすら忘れてしまう恐れがあるので、落ち着いたら必ず説明して理解させるようにします。

　ただし、感情任せの行動や妄想が激しくなるなど、職場や業務に大きく負担となり、就労として許容できる範囲を超えるようなら、メンタルヘルスも絡めて医療・福祉の介入を含めた対応を検討しなければならないでしょう。

Q23 指示や注意をしても、いい加減な返事しか返さない。

Ⓐ 易疲労や発動性低下、脱抑制などが関係して出る症状（当意即答や考え不精）の可能性があります。環境を変えるなどの刺激を用いて活性化させた状態にして、注意を促して理解させます。

① いい加減でやる気がない

　高次脳機能障害がある方の中には、稀に非常識な態度をとったり、不適切な言動をする方がいます。仕事でのミスを指摘しても他人事のようにしか受けとっておらず、悪びれる様子もありません。注意しても「はい、はい」と適当な返事しか返さず（当意即答）、人の話を聞いているのかどうかもわからないほどの態度をとり、まじめに考えることなく、いい加減なことばかり話す（考え不精）といった言動になります。注意しても埒（らち）が明かないので、管理者や同僚らはイライラして呆れるしかありません。

　本人の性格がどう関係しているかはわかりませんが、障害特性が要因として関わっていたりします。脱抑制により欲求コントロールができないことから、いい加減さやズルさが露わになったために不適切な行為を行ったものと考えられます。ほかにも、注意障害により関心も注意力も失せてしまったり、易疲労性からやる気が起こらなかったりすることも不適切な態度の要因と考えられます。

②「心の理論」の困難さ

　情動が乱れている状態で叱りつけても、感情に刺激を与えることになり収拾がつかなくなるかもしれません。対応の一つとして、すみやかに場所を移動させるなどして緊張感を与えて覚醒状態にします。冷静さが保たれたら不適切な言動の指摘や注意をして、自分の言動や対人関係、振る舞いを考えさせます。ただし、これは人により微妙なさじ加減が求められるので、慎重に対応しなければなりません。外部の支援機関と相談して当事者に合う対応をいくつか用意しておきましょう。自分と他人の考えを理解する「心の理論」を獲得するのは病識理解と同じくらい難しく、支援には相当の根気が必要だといわれています。

Q24 できないことをすぐに周囲や他人のせいにする。

Ⓐ 脱抑制により辛抱することや我慢することができず、現実からの逃避で責任転嫁や誰かに甘え、頼ろうとしているものと考えられます。小さな成功体験を数多く経験させて、モチベーションを下げないようにし、持続できるようにします。併せて、社会人としての責任ある振る舞いも教えて自覚させることも必要です。

① 幼稚な回避行動

　仕事をする中で度重なるミスをして、上司から注意されたときに、「できないのは○○さんのせいで、自分のせいではない」とか「キチンと教えてくれなかったからできなかった」と他責発言をする人がいます。自分の不注意やミスを認めず、自分以外のものに責任を押しつけようとします。こうした言動は障害の有無に関係なく起こるものですが、高次脳機能障害の場合、脱抑制により、できないことや嫌なことからの逃避が露わになって退行などの依存症（幼児期のように人に甘えたり、逃避からすぐに人に頼ろうとする行為）として表れたものと考えられます。ほかにも記憶障害により自分のミス自体を忘れていることから、自分に向いた矛先を退けようとしているとも考えられます。こうした場合は、記録による細目な確認作業で正していくことになるでしょう。

　なぜうまくいかなかったのか、作業の過程を追いながらつまづきの原因を見出します。次に、つまづきを減らすための方法を考え、作業過程を組み立てます。このように、つまづきのシミュレーションを根気よく行うことで、周囲の人は当事者の障害特性や行動特性などのクセが見えることになるので、支援のための情報源にもなります。ただ、根気が求められることなので、当事者が余計に億劫になったり、やる気を失うかもしれません。機能向上を阻害する原因究明と成長の一助になることだ

と説き続ける必要もあります。

② 成功体験で不安解消

　本人を責めたとしても頑なに認めようとしないかもしれませんので、仕事の仕方を変えて、小さくても成功体験を積み上げていくようにします。一つの方法として、仕事内容も一変させて、刺激を持ってモチベーションを高めていくようにすることも考えられます。

　その中で、さり気なく責任ある社会人としての振る舞いをとるように自覚させる指導を継続していきます。

Q25 あれこれと注意や指示をすると、
　「そこまで言われたくない」と急に怒り出す。

Ⓐ　障害がある方が業務進行の速さについていけず、パニックになっています。本人のペースに合わせたり、頻繁に進捗チェックを入れたりして、柔軟な調整ができる業務進行を事前に取り決めておきます。その中で非常時処理への移行を組み入れたりします。

① 混乱させる指示命令

　仕事の指示命令をした後、あれこれと追加の作業をつけ加えたり、変更を入れたりすると急に反応がなくなり動かなくなってしまったり、ミスを指摘して注意するとイライラして大声で騒ぎ始めたり、ときには職場から出て行ってしまうことがあります。

　物事を順序立ててからでないと進むことができない遂行機能障害と易怒性が絡んだ問題行動といえます。ランダムな指示に従って臨機応変な行動をとることは苦手なので、急な指示にパニックになってこの先はどうすればいいかわからなくなり、フリーズ状態に陥ってしまったと考え

られます。さらに、作業の邪魔をされたとか、自分の仕事を否定されたと思い込み、激高してしまったものと考えられます。

高次脳機能障害のある方は、感情を上手に発散することが苦手で、特に怒りの発散で極端な表現をしてしまいます。しかし、それは本人からのSOSの合図であり、周囲の状況についていけずパニック状態になっていることを示しているものと理解しましょう。

② 柔軟な進行調整

最初に決めた通りに仕事が進めば問題ないでしょうが、実際にはそう都合よく進むとは限りません。仕様変更もあれば、作業ミスで中断しなくてはならないことがあります。仕事を進めるにあたっては、当事者本人のペースに合わせつつも、こまめに進捗確認する時間を取ります。進捗状況をチェックしながら手順の見直し・振り返りで記憶を喚起します。このタイミングを使って進行の軌道修正をしたり、ミスの修正を行ったりします（非常時処理への移行）。このように障害がある方にかかる心的負担が少なく、見守りもできて、柔軟に進行が調整できる進め方を事前に取り決めておくことが望ましいです。

Q26 職場以外でトラブルが起きている場合、
どう向き合えばよいですか？

Ⓐ 個人の私生活で起きた事案に対して、組織は直接関わりにくいです。ただし、業務や職場にも影響がある場合は指導しなければなりません。直接的な対応は、親族などの身元保証人や外部の支援機関などに委ねることになりますが、求められる可能な範囲でサポートすることになるでしょう。

① 私生活への関与

　私生活の中で起きたことについて、基本的に職場が関わることはありませんが、職場の信用を下げたり、事業遂行を妨げるような行為があった場合には指導・教育が必要となります。また、職場は従業員の安全配慮・健康配慮の義務が課せられているので、必要ならば医療・福祉の支援につなぐ責務はあります。

　例えば、地域の障害者就労支援センターや就労・生活支援センターなどから、高次脳機能障害の専門医やかかりつけ医へとつないでもらいます。職場として行うことは、職場を構成する一員である責任と義務を注意喚起しなければなりません。個人の事情で職場に迷惑をかけていることを伝えて自省と自覚を促します。障害の特性にもよりますが、どの程度理解できるものかわかりにくいので、家族や支援員らと協力して指導の仕方を検討します。

② 脱抑制の見極め

　脱抑制により欲求コントロールが著しく低下すると、職場内だけでなく私生活の中でもトラブル（素行、金銭管理、人間関係など）を引き起こすことがあります。さらに規範意識が低下するとルールや約束事を守らなくなり、反社会的行為をする人も現れるようになります。脱抑制は就労だけでなく社会生活にも支障を及ぼすことになります。当事者本人がどのような社会資源とつながることが適正か見極めないと、本人だけでなく周囲も大きな負担を背負うことになります。

＊　＊　＊　＊　＊　＊

○職場の中での基本スタンスは２つ

　本章では、職場の中で起こり得るさまざまなトラブルや疑問に対する参考回答を述べましたが、これらは一例に過ぎません。当事者個々の状態はすべて違いますから、個別性が高く、同じ対応をすればよいわけではありません。しかし、高次脳機能障害のある方と職場で向き合う際の姿勢は、立場や場合を問わず同じであると考えます。

　まず、１つ目は「相手をよく見ること」です。見えにくい障害だからこそ、当事者をよく見なければなりません。その方の言動やちょっとしたしぐさ、時間と共に変わりゆく様子をじっくり見つめる必要があります。その方だけではなく、その周辺の様子や環境変化も合わせて、捉えておくことが望ましいです。急にじっと凝り固まってしまったのは、長く続く作業で疲労が限界を超えたからなのかもしれません。怖い顔つきになって怒り出したのは、小さな作業ミスを繰り返してしまい自暴自棄になったからかもしれません。当事者をよく観察し続けると、予兆やきっかけが見てとれることがあります。

　２つ目は、「焦らず待つこと」です。例えば、指示命令や決め事を伝えてもすぐに忘れてしまったり、同じ作業なのに何度も同じ失敗を繰り返したり、メモをとるにもモタモタしてしまったりと、周囲がイライラしてしまう状況が度々起こることもあるでしょう。本人はもどかしく、つらく感じているかもしれません。それなのに、周囲から厳しい叱責を受ければ、当然のごとく彼らは落ち込んでしまいます。彼らにとっては、もう手一杯で余裕などない状態なのです。健常者と高次脳機能障害のある方とは脳機能の処理速度も違えば、学習・成長の尺度も違います。今まさに可塑性により脳は新たに生まれ変わろうとしています。周囲にいる人は、新たなスキルをゆっくりじっくり育てていくという余裕あるスタンスをもって、当事者らと向き合っていただきたいと願います。

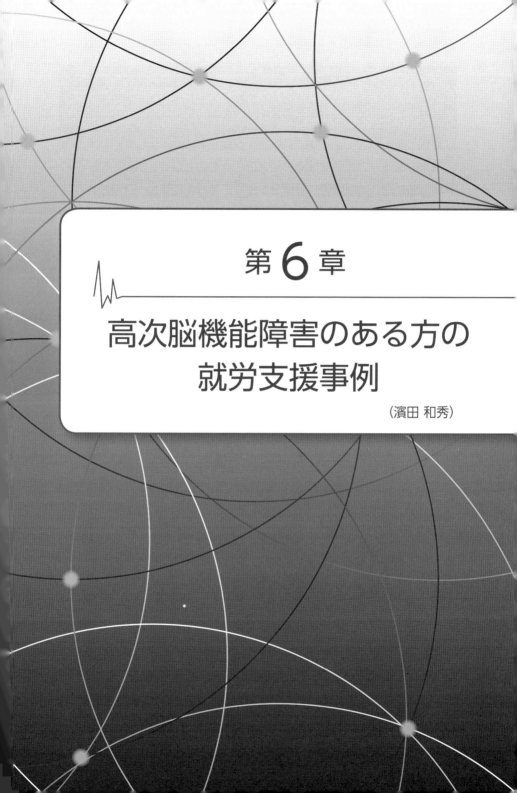

第 6 章

高次脳機能障害のある方の就労支援事例

（濱田 和秀）

高次脳機能障害のある方が利用できる就労支援サービス

　障害のある方の就労支援サービスの主なものとして、ハローワークの専門援助部門、地域障害者職業センター、障害者職業能力開発校に加えて、各地域に密着した障害者就業・生活支援センターや市町村の支給決定が必要な就労系障害福祉サービスがあります。

　こうした障害者就労支援の中でも、高次脳機能障害についての支援は、比較的新しい分野といえます。

　また、他の障害とは違い、高次脳機能障害は、医療機関を退院後、自宅に戻ったとき、職場に戻ったとき、また、職場の配置転換などがあったときに顕在化する症状です。そのため、回復期リハビリテーションなどの医療機関のソーシャルワーカーがこうした就労支援制度を熟知し、就労支援関係機関と日頃から連携できているかが非常に重要になります。しかし、こうした連携もまだこれからという状況です。

　さらに、高次脳機能障害の発症原因の8割が脳卒中によるもので、中でも40代から60代の働き盛りの方の発症が増加しています。こうした場合は、会社の休職期間を使って復職を目指してリハビリ訓練に取り組みますが、解雇や辞職となる方も多いのが現状です。

　筆者が代表理事を務める特定非営利活動法人クロスジョブの理事であり、当法人が高次脳機能障害者の就労支援に取り組むきっかけをいただいた堺脳損傷協会の納谷敦夫医師は、著書『高次脳機能障害・脳損傷について～家族として、精神科医として～』（堺脳損傷協会出版部）の中の「脳損傷後の職場復帰について」で、「一般的にですが、脳損傷になった人は早く職場に戻りたいといいます。…良くなった、仕事がリハビリだ、頑張って、といわれる医師もあるようです。しかし、多くの職場はリハビリの場ではありません。…久しぶりの職場は、高次脳機能障害も

手伝って、すごく疲れるのです。…軽度脳外傷でさえも、半年はゆっくりしたほうがいいといわれてます。」と語られ、その末尾で「たとえ数週間でも、認知リハをどこかで受けて、自分の問題をある程度把握されているほうが安全だと思います。」と提言されています。

　ですからできるだけ、この休職期間に、障害者職業センターに相談され、職業リハビリを受けることをお勧めします。しかし、障害者職業センターは、各県に1か所しかないため、なかなかすぐには利用できないことが多々あります。

　そのため、平成29年3月に厚生労働省から「平成29年度障害福祉サービス等報酬改定等に関するQ&A」で一定の要件【下記参照】を満たせば、休職期間中に就労系障害福祉サービスを利用できることが示されました。しかし、支給決定が可能であると示した範囲にとどまっているため、政令指定都市でも利用を認めていないなど、市町村判断にゆだねられており、早急に運用改善が求められているといえます。

■「平成29年度障害福祉サービス等報酬改定等に関するQ&A」

（就労系障害福祉サービスの休職期間中の利用）

問12　一般就労している障害者が休職した場合、休職期間中において就労系障害福祉サービスを利用することができるか。

（答）一般就労している障害者が休職した場合の就労系障害福祉サービスの利用については、以下の条件をいずれも満たす場合には、就労系障害福祉サービスの支給決定を行って差し支えない。
　　①当該休職者を雇用する企業、地域における就労支援機関や医療機関等による復職支援（例：リワーク支援）の実施が見込めない場合、又は困難である場合
　　②休職中の障害者本人が復職を希望し、企業及び主治医が、復

　　　　職に関する支援を受けることにより復職することが適当と判
　　　　断している場合
　　　③休職中の障害者にとって、就労系障害福祉サービスを実施す
　　　　ることにより、より効果的かつ確実に復職につなげることが
　　　　可能であると市区町村が判断した場合

　こうした状況の下で、働く力がありながらも、リハビリ期間中に復職に向けた支援の機会を得ることがなく、やむなく退職となり、就労系障害福祉サービスの就労継続支援事業所に通われている方も多くいらっしゃいます。しかし、その事業所の多くが、日中に通う「居場所」としての機能が中心で、「もう一度、会社で働きたい」という思いを維持、高めることは厳しい状況です。

2 NPO法人クロスジョブの立ち上げ

　当法人が、高次脳機能障害のある方の一般就労支援に取り組むきっかけとなったのは、私の前職である大阪府障害者福祉事業団に、先にご紹介した納谷敦夫医師（以下、納谷医師）が理事長に就任されたことから始まります。その10年前より、私は、事業団の運営する入所施設にいる方々の地域生活移行のために、地域の企業とつなぐ就労支援に取り組んでいました。その私に、納谷理事長から、高次脳機能障害のある方の支援に取り組んでみないかという打診をいただき、納谷医師が主催する「大阪高次脳機能リハビリ研究会」に参加したのがきっかけです。福祉しか知らない私にとって、その会には、医師、OT（作業療法士）、PT（理学療法士）、ST（言語療法士）といった医療業界の方々が多く参加され、医療用語を前に、何が話されているのかまったく理解できずに帰り、そ

のことを後日、納谷医師にお伝えすると、「それでいいから」と言われたのを今でも鮮明に覚えています。

　今思えば、この機会がなかったら、当法人立ち上げにあたり、医療リハビリテーションの場で働いてきたスタッフの採用、その後の作業療法士の採用へとは至らなかったと思います。

　その後、前職で知的障害のある方を中心とした就労移行支援事業所を立ち上げることとなり、そこで高次脳機能障害のある方の利用も開始しました。しかし、当時の知的障害のある方々を対象にした内職的な作業や企業現場での請負作業などの集団的な訓練のみでは、感情抑制が効きにくく、社会的課題を併せ持っていた方にとっては、適切な訓練環境とはいえないものでした。

　そして2010年に事業団を退職し、前職の就労移行支援事業の枠組みではサポートできなかった「就職を希望しながらも一人では難しい方々で、従来の作業所や福祉施設の環境が苦手な方々」、いわゆる一般校を卒業された方（今では、発達障害といわれる方々）と、当時はほとんどどこでも支援されていなかった、高次脳機能障害のある方の一般就労支援に専門に取り組むために、ＮＰＯ法人クロスジョブを設立しました。

3　支援開始にあたり考え、準備したこと

　まず、そうした方々の一般就労への準備意欲を高めるために、当時はまだ目新しかったオフィスビル内に訓練事業所を設置し、パソコンを置いて会社に近い環境を整え、さらに、ハローワークの近くに構えることで、職業準備訓練としての機能を強化することにしました。

　そして、高次脳機能障害の就労支援を行うにあたり、何よりも重要で

あると考えたことは、先ほども述べたように、他の障害と違い医療機関との連携ができることであり、そうした人材を確保することでした。幸運にも、先進的な医療機関である名古屋市総合リハビリテーションセンターで、高次脳機能障害のある方の就労支援にジョブコーチとして取り組んでいた方に開所から参加していただけました。その結果、訓練教材としてMWS（ワークサンプル幕張版）の導入、認知訓練メニューの導入とリハビリテーションの視点と技法を障害福祉サービスの中に上手く取り入れることができるようになり、その後の支援の土台となりました。

　また、納谷医師からのご紹介でパソコンのスキルを持たれていた高次脳機能障害のある方に、パソコンの訓練を担当してもらうこともできました。

　その後、地域に当法人の存在を知っていただくように、また当法人のスタッフが、高次脳機能障害についてしっかり学び、地域の医療機関と連携できるように先の「大阪高次脳機能リハビリ研究会」に定期的に参加していきました。

　しかし、開所初年度は、8人の高次脳機能障害の方にご利用いただきましたが、就労移行支援事業を開始したばかりであったため、就職への見通しを示しきることが充分でなく、半数の方が当法人の利用を途中で辞退されました。

4　9年間の支援からの考察

　2010年4月開所以来9年間で、当法人が運営する事業所は、大阪府内4か所、滋賀県草津市、鳥取県米子市、北海道札幌市にそれぞれ1か所の計7か所となり、いずれも定員20名で運営しています。その中で、ご利用いただいた高次脳機能障害のある方も103人になり、な

かでも、2017 年度 4 月に開所したクロスジョブ札幌は、開所当初より高次脳機能障害のある方への一般就労支援に取り組む就労移行支援事業所として地域に表明し、2 年間で定員の 8 割、16 人の方が利用しています。

　その方々を**図表６－１、６－２**のように整理すると、利用者の 8 割以上が、30 代から 50 代の働き盛りの男性であり、高次脳機能障害の受傷原因の 76% が、脳血管障害です。

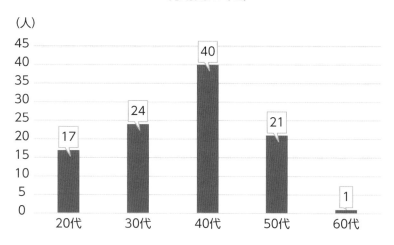

利用開始年齢

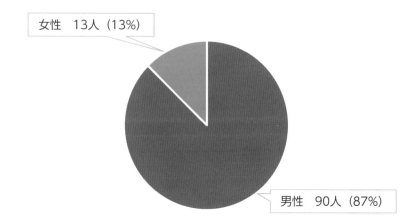

男女比

原因疾患

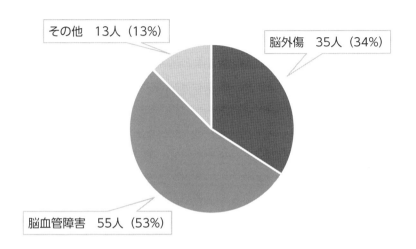

その他　13人（13%）

脳外傷　35人（34%）

脳血管障害　55人（53%）

年代別疾患

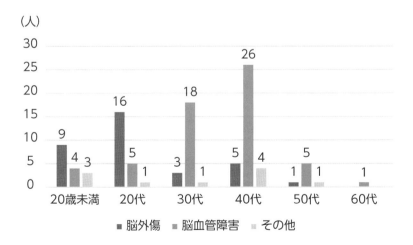

次に、クロスジョブの就労移行支援をご利用いただいた方々の結果について、**図表6-3**にまとめてみました。

　まず、就労移行支援事業の目標である就労退所率（就職率）は、現在の利用者を除くと、8割近くになります。

■ 図表6-3

支援結果

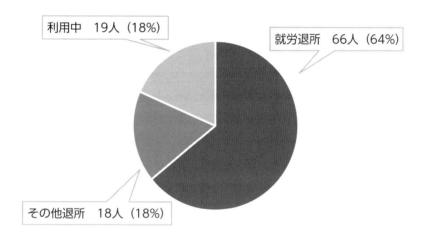

利用中　19人（18%）

就労退所　66人（64%）

その他退所　18人（18%）

　就労退所された方々の退所時の年齢は、**図表6-4**の通りで、働く意欲の高さを物語っています。

　就労先は、**図表6-5**のように、復職が9％にとどまり、ほとんどが元の職場とは違う職場への再就職となりました。この原因は、休職期間満了、またはその途中での解雇・辞職などによる離職後に当法人利用につながっていることによるものです。2019年度に入り、大阪市内にある当法人の2事業所では、復職支援が拡がってきました。しかし、まだまだ、多くの医療機関には就労移行支援事業の存在を知られていないのが実情です。

■ 図表6−4

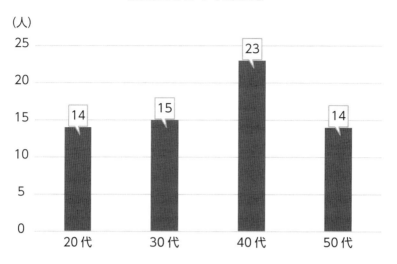

就労退所者の年齢区分

■ 図表6−5

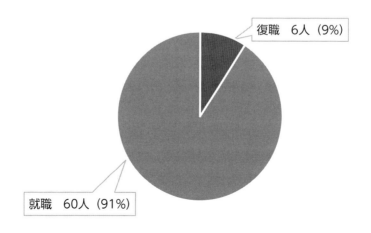

就労先

当法人の札幌事業所には、開所3年目の現在までに、40人もの復職支援希望の相談が寄せられています。

　次に、就職までの利用期間は、**図表6－6**の通りで、就労移行支援の標準利用期間の2年以内に95%の方々が就職されています。これは、後述する当法人の就労移行支援の仕組みにも起因すると考えています。

■ 図表6－6

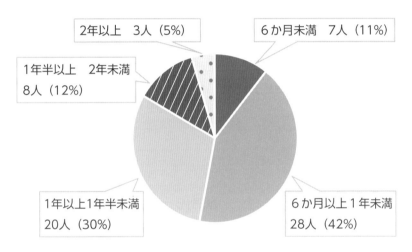

就労までの利用期間

2年以上　3人（5%）

6か月未満　7人（11%）

1年半以上　2年未満
8人（12%）

1年以上1年半未満
20人（30%）

6か月以上1年未満
28人（42%）

　さらに、就職後の継続就業中の割合も94%と、他の障害と比較して、かなり高く、働く意欲の高さを表しています（**図表6－7**）。

定着状況

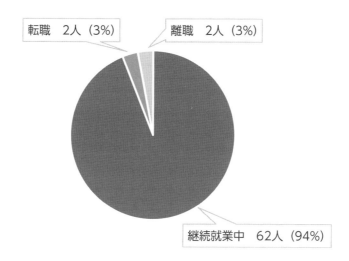

転職　2人（3%）

離職　2人（3%）

継続就業中　62人（94%）

5　就労移行支援に欠かせない要素

　この９年間の取組みを通して、他の就労支援機関でも高次脳機能障害のある方の支援に取り組んでいただくために、必要なことをお伝えしたいと思います。

　高次脳機能障害がある方の多くは、身体に少しマヒが残ったものの、あとは、自分はこれまでとは変わりないと思い、就職先を早く探したいと希望して支援機関を利用します。そのため、まず、支援者は高次脳機能障害のある方の特性を正しく理解することが必要です。

　具体的には、まず、疲れやすいこと、そして、何より本人も、それを理解できていないことが多いことです。このことから、集中力が続かず、訓練課題でミスが出たり、イライラしたり、やる気が起きない状態になっ

てしまうことが多々あります（易疲労性に対する認識の欠如）。

　そのために、当法人では、本人に、自身の疲れに気づいてもらうために、支援者がいろいろなアプローチをします。

　例えば、漫然と作業するのではなく、午前と午後のプログラムを分けること、その中でも、報告をこまめに求める課題を提供することで、気づきやすい状態を設定したり、指示したことを忘れている場合は、少し休憩を入れながら取り組んでみることを提示し、休憩を取ることで効率よく仕事ができることに気づいてもらうようにします。

　さらに、これまでのように多くのことを一度に覚えられないことなどに気づいてもらわねばなりません（病識の受容）。

　そして、それに代わる新たな手段を獲得していただくことへとつなげていくようにします（代償手段の獲得）。例えば、指示されたことを、頭でなく手帳などの外部ツールに記憶させること、それを活用することを体に覚えさせることです。

　しかし、実際は、メモがとれても、どこに何を書いたかわからず活用できない、また、メモを見ることを忘れてしまうなど、体得にかなり時間をかけなければならない方も多く、丁寧に何度も繰り返すことが求められます。

　その際に、支援者に求められるのは、高次脳機能障害が中途障害であること、そこからくる本人の自尊感情を大切にする配慮です。そのためには、高次脳機能障害とは、自分も含め誰もがなり得るものであることの認識が必要です。

　こうした自尊感情を大切にしながら、本人に病識を受け入れてもらうための最も効果的な取組みが、同じ高次脳機能障害のある方々とのつながりを深めていくことです。当法人では、高次脳機能障害のある方々だけの話し合いの機会（グループワーク）を毎週1回開催しています。概ね次のような内容をベースに進めています。

高次脳グループワークの概要

※毎週水曜日の午前に実施、利用者がどのような1週間を過ごしてきたのか共有

■1週間の振り返り（3分間スピーチ）
　他利用者の発表時にメモとり練習→その後、質問をする

■テーマに沿ってディスカッション
　気づきを促す、互いの話を聞き、
　障害特性や働くことについて理解を深める

■企業実習、企業面接の報告

■就労退所者の話

　　　　　　　　　　など…

■高次脳グループワークの目的

障害特性 長所・短所 得意・不得意	障害のオープンとクローズ 配慮事項の伝え方
履歴書・ 職務経歴書の書き方 面接の受け方	職場実習経験者、就労退所者からの話 （働くとは／代償手段の活用、 対人関係の築き方など）

（中央：自己理解／他者理解）

・高次脳機能障害の方のみ
・同様の特性や悩み、できること・しにくいことを具体的内容で共有
・あるある体験
・人のふり見て我がふり直す
・他者理解・自己理解から気づきを促す

■合同グループワーク（高次脳）の取組みと感想

（クロスジョブのホームページ＞クロスジョブ札幌＞新着情報＞ 2019 年 10 月 1 日より）

　本日は、「高次脳 チェックシートを付けてみよう」をテーマにグループワークを行いました。

　札幌事業所で作成したチェックリストを参考に、当てはまる症状に○をつけてご自分にはどのような症状があてはまるのか参加者の皆さんと確認を行いました。

　チェックリストの文章を読み取ったり、自分に当てはまる状況だったか思い出したり、○をつけた集計を行う方法を工夫したり、頭を使う場面がたくさんありました。

　スタッフも脳疲労寸前です。

参加された方からは、

・メモの取り方をもう少し工夫しないとならないかなと思った。

・生活の中で記憶にあることが遂行機能障害だなと思って、そういうことを忘れないで、日々どのように生活すればいいかを考えないといけないと思いました。

などのお声をいただいています。

　来週は、易疲労性について講義を行い、チェックリストでは当てはまったり、当てはまらなかったりしたけど自分には当てはまるのか、どういう時に疲れるのか、どういう工夫があるのか、参加者の皆さんと交流を行いたいと思います。

　外部の方のご参加もお待ちしています！

こうした取組みや訓練に、意欲を持って参加してもらうために最も大切なことは、就職に向けた見通しを示していくことです。

　多くの方が、「もう一度働きたい」という思いや希望を持っていることが前提ですが、支援者が、就職へのゴールを見通していけるように就労支援をどう組み立てるかが重要です。

　そのために当法人では、高次脳機能障害のある方の就労支援に限らず、全利用者に対して、以下のような支援目標を毎月設定して取り組んでいます。

---

①全利用者について、３か月先までの月ごとの目標を設定する

②その中で、毎月２人の就労退所候補者を設定する

③毎月１人の就労退所者を達成する

　利用者の方に対する具体的取組みとしては、毎月、就労退所者の壮行会を開催することで、就職への意欲を維持できるようにしています。また、毎日の利用者の朝終礼時に、企業見学の報告や明日から企業実習に行く方からの一言、企業実習に行ったことの報告、当法人ホームページへの投稿の発表など、少し先を歩んでいる方々の取組みに触れられるように工夫しています。

　また、複数の企業での体験実習に取り組んでもらい、企業からのフィードバックをもとに、自己整理をしていくことで、働くことができる見通しを作り出していきます。この過程を通して、働き続けていくための職種整理や高次脳機能障害の特性の理解と代償手段の獲得への意欲を高めていきます。

　そして、こうした取組みを踏まえて取り組む当法人の求職活動では、履歴書、職務経歴書に加え、「自己紹介シート」を作成しています。自己紹介シートとは、見た目ではわからない障害であることに対応した、①自分がこの会社を選んだ理由＝会社の戦力になれること、②自身の障

害に対して当法人で身につけてきた工夫や代償手段、③採用後に配慮していただきたい事項、の３点をわかりやすく記載したものです。この取組みを通じて、就職するだけでなく、長く働き続けるために必要なことを整理していきます。

　また、高次脳機能障害のある方の求職活動では、高次脳機能障害になる前に働いていた経験を活かせることも、この障害ならではの強みです。以前、工場内作業の求人に、知的障害のある支援学校卒業の方と50代の高次脳機能障害のある方が応募した際、企業が採用したのは、高次脳機能障害のある方でした。企業が採用の基準にしたのは、工場での安全な振る舞いであったと聞いてます。高次脳機能障害のある方が受傷前に働かれていたのが、工場であったことが大きな強みになったといえます。

　こうした取組みを踏まえ、最後には、本人に適した職場、強みが活かせる職場であるかどうかをしっかり見極めるため、事前のスタッフ実習や本人の雇用前の実習を行うことが大切です。

　さらに、高次脳機能障害のある方は、仕事の内容や段取りなどを覚えることが苦手です。そのため、職場に入ってからが重要であり、仕事の手順をわかりやすく教える支援や、見た目ではわかりにくい障害であるがゆえに、職場の周りの方々の正しい理解を図っていくことなど、職場において支援するジョブコーチ支援は不可欠です。職場は、上司などの人的環境や業務内容が変化するものなので、その都度の支援や定期的な訪問も重要です。

　そしてもう一つ、高次脳機能障害のある方の就労支援で重要なのが復職支援です。当法人では、本人の実際の利用開始前から、医療機関と連携しながら企業と話し合いの機会を設定し、復職後の業務を想定して休職期間中の訓練内容を検討していきます。しかし、多くの場合、元の職責、職務に戻ることは難しく、企業規模によっては、他の業務も切り出せないなどの理由から、やむなく退職せざるを得ない方もいます。

　また、復職しても、高次脳機能障害になる前とは本人の職場環境が様

変わりしていて、部下であった社員の下で働くというケースも多く、その結果、本人の職場の人間関係に対する思いが複雑になります。また職場の方々も、見た目ではわからない障害ゆえに関わり方が難しくなり、齟齬や不満が生まれてしまう場合が多くあります。新たな業務を通じて本人が職場で必要とされる存在になることを軸に、新しい人間関係を構築する支援が必要となってきます。

　このように復職支援では、職場に戻ってからの支援が大変重要です。このため、当法人では、2018年から大阪府の障がい者委託訓練「在職者訓練」を受託し、復職後の再訓練プログラムを実施し、在職中の高次脳機能障害のある方の支援の幅を広げています。

　ここからは、これまで述べたことを、事例を通してお伝えしたいと思います。

【事例紹介　① 新規就労支援のケース】

■概　要

　鹿島さん（仮名）、30代、男性。データ集積と分析を主とする同職種で2回転職し、3つ目の会社で働いているときに脳腫瘍を発症し、入院・加療しますが、後遺症として高次脳機能障害と診断された方です。

　障害者手帳は精神障害者保健福祉手帳2級を取得し、障害年金を受給しています。

■当法人利用までの経緯・経過

　脳腫瘍発症後、救急病院にて入院・加療し、地域拠点病院での外来通院と自立訓練施設を通所利用し、生活訓練を約1年行う中で、新規就労を目指すために当法人の利用につながりました。自立訓練の最後の2か月と当法人の暫定利用期間に、自立訓練と就労移行支援の並行利用を行

いました。

　当初、自立訓練では午前2コマ、午後2コマ程度の1日4コマに訓練プログラムが分かれており、間に明確な休憩がある状態でした。一方、当法人では午前、午後の大きく2コマ、間の休憩は昼休憩のみ、それ以外の休憩は明確ではなく、都度、状況を見ながら小休憩の必要性をアセスメントする訓練プログラムとなっています。その状況に移行するために、脳疲労への影響と耐久性を考慮しながら、週に2回は自立訓練、週3回は当法人を利用することとし、原則2年間という有期限サービスの最初の2か月までを目途に、週5回の当法人利用を緩やかに目指しました。

■当法人での取組み

1．アセスメント

　　1）本人、家族のニーズ把握、主治医の意見

　　　①本人：できることを精一杯行い、長く働き続けたいです。

　　　②家族：お金のことは気にせず、長く働いてほしいです。

　　　③主治医：症状は安定し、規則正しい勤務は可能と思われます。同時に複数の作業を行わないなどの配慮により、手順が決まっていれば、複雑な作業も可能かもしれないです。

　　2）神経心理学検査結果（利用開始前の事前情報収集）

　　　発症までの記憶は比較的保たれている状態でした（WAIS-Ⅲ[※]：言語性131／動作性110／全検査124）。

　　　　※ WAIS ™ - Ⅲ 成人知能検査（Wechsler Adult Intelligence Scale − Third Edition）

3）行動観察および面談

①職業準備性：健康および日常生活管理は自立していました。対人スキルおよび基本的労働習慣については、対話時に話が本筋から逸脱しやすく、報告・連絡・相談において自己判断がある状態でした。職業適性については、脳疲労による持続性の低下はありましたが代償手段の活用意欲は高い状態でした。

②注意機能：全般的に低下していました。脳疲労による持続性低下、選択性低下により作業開始時のミスにつながりやすく、分配性・転換性低下による複数同時処理時のミス、会話時の内容逸脱から元の会話内容に戻せないことなどがある状態でした。

③記憶機能：脳腫瘍発症後の記憶に関して、想起や定着に時間がかかる状態になっていました。「ほぼ日手帳」により、過去の出来事、今日やること、未来の予定の把握を行い、携帯電話のリマインダー機能により再度予定などを想起させるなど、代償手段の活用を継続的に図りました。

④社会的行動障害：注意低下にも起因しますが、タイミングや今言うべきことかどうかの判別が瞬時にはしにくく、また、延々と話し続けることがしばしば見られる抑制低下の状態がうかがえました。

２．当法人利用中の目標設定

1）長期目標

求職活動から就職内定を目指します。

2）短期目標

①言動・マナーがその場に適切かどうか振り返ることができるようになります。

②作業開始前にチェック項目をふせん紙に書き出し、終了後のセル

フチェックを徹底します。

③指示者が誰なのか把握し、報告・連絡・相談を怠らず、手順確認をすることと併せて自己判断でのミスをなくします。

3．訓練の様子

　利用開始時から自身の脳疲労への気づきがあり、「めっちゃ疲れます」が口癖のようになっていました。一方、会話内容からの逸脱や事象と直接関係のないことでの多弁傾向には、自身の気づきが希薄な状態でした。家族からも「発症前は寡黙だった。どうしてこんなにいらんこと話すようになったのか」との話がありました。この注意の転導と抑制低下になっている部分が脳疲労を助長させないようにすることが、訓練の関わりの中でのポイントでした。

　脳疲労への本人自身の気づきがあったため、直接的な身体的疲労を避け、作業上どこまで注意集中の持続ができるのか、また、その時間をどれだけ延ばしていけるのかについて、前職経験で触れていた馴染みのあるパソコンによる作業（座位）を通じて試みてきました。やはり、最初は脳疲労が強く、30分実施で小休憩が必要な状態でした。訓練場面での注意集中の持続時間がどれくらいなのかを把握してもらうため、ほぼ日手帳にどの作業を何分間行い、どれくらいの小休憩を挟んだのかを都度記入してもらいました。こうした内容を日々継続して取り組み、利用開始後約6か月後には、30分が限度だった注意集中の持続が徐々に延び、60分実施で小休憩5分が定着してくるまでになりました。

　途中、座位だけではなく、立位での軽作業や施設外就労訓練であるスポーツジムでのタオル折りなどの訓練にも参加しましたが、身体的疲労が表れやすく、立ち作業で少し動きがあると、その少しの動きの中で他者との会話を無意識に求めてしまい、その結果、会話内容が仕事と直接関係のないものに派生していきやすく、そのことが脳疲労と注意機能に影響を与える状態となってしまいました。

本人の中でも会話の逸脱や脱線への気づきが生まれてきてはいるものの、それらを抑制できない状態でもあったため、パソコンを主とした作業（座位）での就職を目指していくことなどについて、1～2週間に1回（約1時間程度）の面談を通じて整理しながら話し合いました。また、このような訓練の状況について、定期的な外来受診への同行で主治医と情報共有を行いました。

4．職場実習の様子

1）特例子会社での職場体験実習

　利用開始後7か月目に、企業評価をしっかりとフィードバックしてくれる特例子会社の職場体験実習に参加しました。実習で行う業務は、当法人でも取り組んできたパソコンを使用する事務補助です。期間は1週間、1日8：30～17：30までの実働8時間です。

　①実習の目的

　　◎仕事をする際にフルタイム勤務が可能かどうか見極める。

　　◎パソコン入力のみか、別の事務補助業務が混じったほうがよいのかを見極める。

　　◎社会的行動障害が職場でどのように出てしまうのかを知る。

　②実習の目標

　　◎フルタイムの作業耐久性を自分で知りたい（疲労の度合とメモでの代償可能かを含む）。

　　◎パソコン入力のみの業務が自分にとってどうなのか知りたい（疲労の度合とメモでの代償可能かを含む）。

　　◎社会的行動障害が企業でどう影響するのか知り、工夫や対策を考える。

　③実習での自己の気づきと企業評価

　　本人からの振り返りでは「パソコン業務であればフルタイムの労働はできそう。普段、クロスジョブで耐久性を上げる訓練をしてい

たことが役立った。入力業務だけでは正直しんどいので、間に資料作成や文書作成などが入ったほうが作業としてはよさそう。業務中の私語・雑談はなかったです」とのことでした。

企業評価では、「身だしなみや就業生活リズムが整っていたことはよかった。作業手順を勝手に変えてしまってミスにつながった点、休憩中の会話を業務に持ち込んでしまっている点、片付けが不十分で書類を持ち帰ってしまう点がありました」とのことでした。

④実習の振り返りから次の目標へ

実習後、今後就職活動に向けて取り組んでいくこととして、本人と下記の内容を確認しました。

　◎指示内容をすぐにメモにとり、わからない内容は後から質問し、作業開始前にもう一度手順を確認する。

　◎報告・連絡・相談を怠らず、自己判断で作業を進めないようにする。

　◎整理整頓を徹底し、不必要なものは片付けてから作業に入る。

　◎私語・雑談・無駄口を減らす。

2）一般企業での職場体験実習

特例子会社での企業評価を受け、改めて当法人内での訓練に取り組み、利用開始後9か月目に、2社目の実習に3週間参加しました。この実習は事務補助業務で、パソコン入力以外の庶務も含めた作業を実施しました。

①実習の目的

　◎1社目の実習以降に取り組んできたことができるか確かめる。

②実習の目標

　◎指示内容のメモのとり始めのタイミングとスピードを意識して行い、わからない内容は後から質問し、作業開始前にもう一度手順を確認する。

◎直属上司と指示者をしっかり把握しながら、報告・連絡・相談を怠らず、自己判断で作業を進めないようにする。

◎準備物や荷物を整理し、不必要なものは片付けてから作業に入る（意識化のため）。

◎特に休憩後の切り替えを意識し、私語・雑談・無駄口を減らすようにする（意識化のため）。

③実習での自己の気づきと企業評価

　本人の気づきでは「メモをとる習慣がつき、呼ばれたときにはメモを持つように意識できた。指示内容でわからないことは作業途中であってもその都度、報告・連絡・相談でき、自己判断はなかった。自分の荷物は置き場所が決まっていたのでそこに置き、整理できていたが、水筒の置き忘れが１回あった。今回の実習では私語などは大丈夫であった」とのことでした。企業評価では「業務態度面は非常によかった」とのことでした。

3）２社での職場体験実習を通じて（本人の気づき）

　業務の疲労度は１社目より２社目のほうが少なく、フルタイムのパソコン作業も大丈夫そうで、途中で庶務などがあるほうが疲労感が低いように感じました。就職の方向性は、やはり事務補助業務で考えていきたいです。

4）職場体験実習終了期でのアセスメント

　２社での職場体験実習を経て、本人が認識しにくい高次脳機能障害の特性について、脳疲労、注意機能、記憶機能に対する気づきが確立され、代償手段の活用の意味を見出せるようになってきました。

　ポイントとなっていた会話の逸脱と抑制低下による私語や雑談の派生については、本人の意識が持てるようになってきました。

　事務補助系業務を行う企業で、キーパーソンがいればマッチングを

図れる状態になったと感じます。

５．本格的な就職活動

　結果として、当法人の利用開始後約１年で大手企業の事務職への内定を果たしました。しかし、履歴書や職務経歴書を作成し、求人応募をする中での苦労と本人の努力も多々ありました。合計で約20社に応募したと思います。

　最初は書類選考がある求人にも応募していたのですが、なかなか通過せず、訓練での取組み内容や成果物を同封するなどの工夫をすると同時に、面接から選考が始まる求人への応募も開始し、実際の面接にも慣れていきました。事業所内でも面接練習を行ってから本番に臨みますが、実際の面接の場数を踏むことも本人の気づきを高める機会になったと思います。

　就職を果たした企業は一次で筆記試験がありました。SPI試験を含むもので、記憶低下に影響の少ない本人の元々の知識が生かされる内容だったと思います。その後の二次面接では、企業側の６名と、本人と面接に同行している支援者の合計８名での面接でした。極力、本人が質問内容に回答することはもちろんですが、補足として、目に見えにくい障害とされている高次脳機能障害と本人の特性について支援者からも説明を行いました。また、企業側から「本人が長く働き続けるためには」という点を考えてくれていることが伝わってきたので、雇用後のフォローアップの在り方、ジョブコーチ支援との連携について、併せてお伝えしました。

■就職後の様子

　入社時よりジョブコーチと連携し、職場内での作業分析を行い、本人のできること、しにくいこと、本人の障害特性と高次脳機能障害について改めて現場レベルで情報共有を実施しました。

業務については、パソコンでのデータ入力とそれに基づく解析という、本人が前職で行ってきたものと似ている要素もあり、強みを生かせる内容でもあったのですが、業務を行う環境整備と現場レベルでの本人への関わりについて、定着に向けた導入期の支援が必要でした。注意機能への対応として、日めくり写真立てによる視覚化された手順書や書類整理のためのレターボックス活用の提案を行うとともに、会話が仕事から逸脱し、企業内での許容範囲を超えたときは指摘してほしい旨を現場レベルで情報共有し、定着を図りました。

　本人は、当事者会の活動や家族との時間も大切にしながら無期雇用契約に切り替わり、丸6年の就業継続となっています。

【事例紹介　② 復職支援のケース】

■概　要
　矢野さん（仮名）、40代、男性。医師として人望厚く働いている時に脳出血を発症し、後遺症として右上下肢麻痺、失語症と診断された方です。障害者手帳は身体障害者手帳2級を取得しています。

■当法人利用までの経緯・経過
　脳出血の発症後、地域の回復期リハビリ病院でリハビリを行った後、外来で診察とリハビリを受けながら、当法人での訓練を通じて、周りの人とのコミュニケーションのとり方や、特性への代償手段を探り、復職を目指しました。

　利用開始後すぐは、訓練は火曜日、木曜日の午前のみで、その他の日は外来リハビリで言語療法を受けるという並行利用から開始しました。

　高次脳グループワークで周囲とのコミュニケーションをとることも目的にあったので、利用開始後2か月を目途に水曜日のグループワークにも参加するようにし、週3回は当法人、月曜日と金曜日と水曜日の午後

は外来リハビリという週間スケジュールを確立しました。

■当法人での取組み

1．アセスメント

　1）本人、家族のニーズ把握、外来リハビリの意見

　　①本人：1年半後を目途に復職したいです。

　　②家族：1年半後には復職してほしいです。自信を持って行動できるようになってほしいです。

　　③外来リハビリ：症状は安定し、言語機能も少しずつ改善し、家族での会話には支障がないほどに回復してきている様子です。本人のことを理解してくれる先生が復職先にいる間に、ある程度の業務が確立されるとよいと思います。

　2）失語症と高次脳機能面（情報収集より）

　　知的機能は保たれています。処理速度は基準値を下回りますが、見落としはないです。自宅では言語療法での言語課題を自主トレとして行っています。右同名半盲がありますが、リハビリの訓練場面では対象物を左に寄せる対処が自発的に行えています。朝日新聞の「天声人語」のパソコン入力を自発的に行っていますが、左手の使用に偏るため、入力作業の際の右手の使用頻度を上げてほしいです。文字入力の際、一部の単語の仮名文字変換がまだ困難な状態です。数字は理解良好で数処理も可能ですが、数字を正しく音韻変換し口頭表出する際、誤りや喚語困難が生じやすいです。

　　理解力（インプット）については、日常会話や指示理解は可能です。難しい内容に対する音声のみでの理解はまだ困難であるため、短文での説明が有効です。読解力は長文レベルで向上しているので、文字を見せながらの説明が正しい理解に有効です。

　　表出力（アウトプット）については、短文レベルの正しい発話表出

は増加していますが、喚語困難や錯語があり、自身の意志伝達は不十分な状態です。仮名、漢字の書字力が向上しているため、文字による口頭表出の代償は可能です。

　コミュニケーション面では、持ち前の気さくな性格で他者とも打ち解け、良好な信頼関係を築くことが可能な方です。

3）行動観察および面談

　基本的労働習慣はある程度確立されており、体力的には片道1時間半の当法人までの通所ができ、帰宅後に家事を手伝える状況でした。

　当法人の訓練で行っているグループ朝礼でのメモとりは困難ですが、事前にスケジュールを確認してメモをあらかじめとっておくという代償手段は確立され、日報の提出などの時間管理はできています。

　右手指は独立して動きますが、パソコン入力ではまだ動かしにくそうでした。

　言葉の出にくさはだいぶ伺え、面談では本人の気持ちや言いたい内容をくみとり、やりとりする中で意思や意向の確認を行う場面もありました。

2．当法人利用中の目標設定

1）長期目標

　グループワークや訓練の時間を増やすことでコミュニケーション力や言語の感覚をとり戻し、負担の少ない復職を目指します。

2）短期目標

　①パソコンのスキルアップを目指します。

　②パソコンの Word 課題に取り組む中で言語能力の向上を図ります。

　③グループワークでの自己発信、他者の意見の傾聴に取り組みます。

3．訓練の様子

　利用開始時は火曜日と木曜日の午前のみから開始しましたが、片道約１時間半の出勤にも慣れ、帰宅時は歩行訓練と体力向上を目的に、30分の徒歩時間を確保することも継続して行えていました。利用開始後４か月で、火曜日・木曜日の終日と水曜日午前の高次脳グループワークへの参加、当法人利用日以外の月曜日、金曜日と水曜日午後は言語療法を主として外来リハビリを受けるという週間スケジュールが確立されました。

　パソコン訓練では、利用開始３か月経過頃から、利用開始当初に比べると IME パッドで調べる回数が減り、スピードが上がってきました。Word での文章作成も依頼物に対する作成ができるレベルになってきました。Excel は今までの仕事でも使用頻度は低く、自宅で家計簿をつける程度だったとのことでした。

　口頭で依頼する課題では、利用開始４か月目には概ね一度で理解し、取り組むことができるようになり、わからないときはしっかり聞き返すことができている状態でした。

　グループワークでは、利用開始当初は理解が追いついていない状況でしたが、利用開始４か月目には「ふんふん」という感じで理解が追いつくようになってきました。

4．出勤や訓練を通じての気づき

　週３日の出勤であれば、体力的には大丈夫だと思います。電車の中で少し眠いかなと感じたり、集中しすぎて肩が凝ったかなと感じられるようになるなど、自身の中での疲労に対する気づきの高まりもありました。

　訓練の中では、「長い説明では、１つ引っかかるとわからなくなったりするので、短文での依頼のほうがやりやすいです」とのことです。話しにくさはまだありますが、聞くほうはだいぶ理解ができるようになってきました。

5．復職に向けての会社との関わり

　利用開始から4～5か月目の本人の気づきをもとに、復職後の具体的な業務について、どのようなことが想定できそうか、また、その業務が可能か否かをアセスメントするために復職先を訪問しました。本人、家族、人事の方と本人の復帰を応援してくれている副院長先生、支援者を交えて話をしました。

　受傷前のポジションで始めから復職するのが難しいことは本人も感じていましたので、復職先としては、ゆくゆくは産業医を目指す方向で、健康診断データの読み解きと決まったフォーマットへの入力から始めてほしいという内容を話し合いました。

　この段階では、本人は外来での言語療法をもう少し続けたい意向があり、また、復職後すぐに週5勤務とするのではなく、もう少し緩やかに戻していきたいという意向がありました。このため、支援者側からは、復職の時期を検討しながら戻るときには火曜日、木曜日の週2回、10時から15時の就業時間での開始が可能だろうかと打診し、復職先の了解を得ることができました。

　この話合いの後、2か月後くらいを目途に週2日からの復職を目指すことになりましたので、当法人での訓練内容は終日パソコン作業を行う日を設定し、デスクトップに2画面を出し、両方を見ないと作業を進めていくことが困難な課題設定を行い、復職後の入力作業に備えました。また、疲労度への対応として、1時間に1回は席を立ってストレッチ、水分補給などを意図的に行う小休憩の練習も行いました。

■復職後の様子

　利用開始から半年後に火曜日・木曜日の週2日、10時から15時の勤務から復職となりました。新たなシステムと電子カルテに慣れながら、事前に共有していた業務内容である健診データの入力業務を主に行いました。出勤開始1か月後くらいから、火曜日の時間延長を行い、カンファレンスへの同席や紹介状の入力などを行い、業務の幅と就業時間を徐々に広げていきました。

　2か月目くらいから木曜日の時間延長も図り、17時過ぎまでの勤務時間となりました。今後、リハビリ出勤の状況を見ながら、完全復職に向けて勤務日数や業務の幅をさらに広げていくことになりますが、まずは次のステップとして、水曜日を加えた週3日の勤務を目指すにあたり、どのような業務ができそうか、本人、ご家族、復職先、外来リハビリと連携しながら検討を行っている最中です。

【事例紹介　③ 感情のコントロールが難しいケース】

■概　要

　水島さん（仮名）、20代、男性。大学を卒業後、教員として働いているときに交通事故に遭い緊急搬送されました。一時は命の危険もありましたが、懸命なリハビリにより、ごくわずかな身体の麻痺がある程度まで回復しました。しかし、後遺症として、びまん性軸索損傷による高次脳機能障害と診断されました。

　障害者手帳は精神障害者保健福祉手帳2級を取得し、障害年金を受給しています。

■当法人利用までの経緯・経過

　交通事故により、救急搬送され入院・加療、懸命なリハビリを続けますが、復職は叶わず退職となりました。

退院後、再就職を目指し、他の就労移行支援事業所を利用しました。事業所ではメモ帳の活用練習や、アンガーマネジメントを中心に取り組み、約１年の利用後、医療事務職として就労を果たしました。しかし、業務の抜けや忘れなど、ミスや効率の悪さが見受けられました。その旨を上司が指摘するも、本人はミスをしている自覚がなく、納得がいかずに感情が表情に出てしまい、トラブルに発展することが多くありました。上司は徐々に水島さんの仕事ぶりをチェックするようになり、それがまた本人のストレスとなってしまい、さらなる苛立ちに発展していきました。そんな日々が続き、約半年ほどで現場から本部の一般事務に異動となりますが、そこでも同じ症状により感情がそのまま表情に出てしまうため、徐々に職場内での居場所がなくなっていきました。職場からの希望でジョブコーチ支援を導入するも適応は難しく、約１年で契約期間満了のため退職となりました。

　退職後、障害者職業センターの準備支援を利用し、３か月間の支援が終了するタイミングで、もう少し自分を知る必要があるのではないかとの助言をもらい、職業センターの紹介で当事業所を利用することとなりました。

■当法人での取組み

1．アセスメント

１）本人、家族のニーズ把握、主治医の意見

①本人：長く働ける職場に就職したい。

②家族：遅くても来年の誕生日が来るまでには就職してほしい。

③主治医：軽い麻痺やバランス能力の低下があるため高所作業などの危険な場所での作業を避けるほか、てんかん予防のためにも光刺激に注意をすることで規則正しい勤務は可能。

２）神経心理学検査結果

　発症当初の記憶は忘れていることが多いですが、発症までの記憶は比較的保たれていました（WAIS-Ⅲ：言語性 93 ／動作性 87 ／全検査 89）。

３）障害者職業センターからの前職の様子の聞きとり

　メモとりはするが、指示とメモの内容にズレがあり、業務の抜けが非常に多いこと、業務を忘れてしまうが、そもそも言われたこと自体を忘れてしまうため、ミスの自覚がないと思われること。また、臨機応変な対応や優先順位の組立てが難しく、作業スピードも遅いため、上司が引き継いで仕事を行っていた状況だったとの話が聞かれました。

４）行動観察および面談

　①前職（事務職）に対する本人の意見
　　・業務でのミスはなかったのに、上司の再確認がいつまでもなくならず、気にしすぎる上司だった。
　　・上司に怒られる内容が、自分（上司）もやっていることで「お前が言うなよ！」と思うことばかりだった。
　　・感情障害が、仕事が上手くいかずに退職の大きな要因になったと思うので、感情のコントロールができるようになれば、また仕事はできると思う。
　　などの話が聞かれました。
　②職業準備性
　　薬の管理、体調管理については自立していましたが、前職時はストレス発散方法として飲酒をしており、退職直前は、泥酔しての喧嘩や階段から落ちて流血して帰宅することが度々あり、家族が心配していたとのことでした。対人スキルおよび基本的労働習慣として

は、対話時に話が脱線しやすく、最終的に何を聞かれたのか忘れてしまう場面が多くあったほか、話の内容を理解するのに非常に時間がかかり、理解するまでの間、眉間にしわを寄せて怒っているように見えるため、相手を勘違いさせてしまいやすい場面が多く見られました。報告・連絡・相談については、相手が忙しくしていると声をかけることができず、その結果、自己判断で済ませてしまう状態がありました。

２．当法人での訓練の様子

【取り組んだ訓練】

①施設内訓練：学習（数値チェックや作業日報集計など）、軽作業（箱折りなど）、パソコン、同時複数課題（例：学習しながら軽作業検品班）

②高次脳グループワーク：毎週水曜日の午前中（9：40 〜 12：00）

【訓練場面での本人の気づき】

◎身なりはしっかりしており、礼儀正しく、丁寧な対応ができる。

◎抽象的な表現や、言葉だけでの指示ではイメージができず、理解するまで質問攻めにしたり、眉間にしわを寄せて勘違いされやすい。

◎メモの活用を行うが、自分がどの程度のメモをするべきなのかがわからず、業務手順の抜けや業務のポイントを忘れてしまったり、完了報告を誰に行うのかわからなくなってしまう。

◎どんな事柄を報告するべきなのかわからず、また忙しそうにしている人に声をかけることができない。

◎３つ以上のことを行うと、必ず何かが抜けてしまう。

例）○時○分に進捗報告をしてくださいと最初に伝えると、作業

に集中しすぎて時間に注意を向けることができず、進捗報告を忘れてしまう。「都度、必要になったら作業を切り替えて行ってください」との声かけをすると、気づくことができないまたは気になりすぎて行っている作業が手につかない。

◎業務を３つ同時に出されると、自分の行いやすいものから取り組もうとして、優先順位の組立てが苦手。

◎物音や視界に入った情報を敏感にキャッチし、注意がそれやすくミスが出やすい。

◎何が上手くいっていないのかの整理が自分だけでは難しく、そのためどう相談していいかわからない。

◎高次脳グループワークでは、他の利用者の言動にイライラしてしまい、表情に出してしまう。一度、無意識に暴言を吐いたり、舌打ちをしてしまっており、それが聞こえたとスタッフから言われて気づいた。無意識だった。

◎上手くいかないと自分のダメさに落ち込んでしまい、次第に自分に対して苛立ちや悲しみが出てきてしまう。それが表情に出るので怒っていると思われてしまう。

3．職場実習での様子［Ａ販売店（体験実習）］
【事前準備】
◎補完方法の用意（メモ帳）

　前職や訓練場面での様子から、フリースペースのメモであると、どこまでの情報を書くべきなのか判断しながらメモすることが苦手であるため、「指示者」「納期」「手順」などの項目別に記入欄を用意した業務メモを準備しました。

　また、メモをとってもメモを見返す習慣がまだ確立していなかったため、業務メモを保管ファイルに入れ、すぐに確認でき、ミスを防止できるよう準備しました。

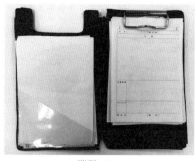
業務メモ

保管ファイル

◎サポートブックの用意

　当法人が職場実習に行う前に作成する整理ノートで、「実習を行う目的」のほか、「得意なこと」「苦手なこと」「工夫していること」「配慮してほしいこと」を本人自身の言葉で記載（下記参照）し、実習開始日に担当上司の方に提出しました。特性を理解してもらうほか、何のための実習であるのかという点について、本人・企業・支援者が共通の認識を持って取り組めるように準備しました。

▶得意なこと
　・1、2個の業務であれば落ち着いて正確に取り組むことができます。
　・礼儀がよく、愛想のよい対応ができます。
　・フットワークが軽く、業務、依頼事、その他に、すぐに取りかかることができます。
　・人見知りせず、人前で何かをすることができます。
　・遅刻、欠席はしません。
▶苦手なこと

・複数の作業を同時に行うこと、また、初回に行う業務の優先順位の判断が苦手です。

・工程が多い作業の理解に時間を要します。

・注意が散漫になり、集中が途切れてしまうことがあります。

・感情が顔に出やすく、喜怒哀楽がわかりやすいです。

・抽象的な表現の理解が苦手です。

▶工夫していること

・メモ、手帳を活用し、作業の優先順位をつけるように意識します。

・気持ちを落ち着かせる（ストレスコントロール）ために深呼吸や小休止をとるよう心がけます。

・報告・連絡・相談を意識して取り組みます。

▶配慮していただきたいこと

・指示をする際は複数ではなく１〜２個で、またそれらの作業が完了するまでは少ない量で指示を出していただきたいです。

・指示をする際は、できるだけ具体的にわかりやすく説明をいただきたいです。

・メモをとることを許可していただきたいです。また、復唱確認やゆっくりとした指示をいただけたら幸いです。

【実習概要】

・期間（時間）：２週間（11：00 〜 17：00）

・業種：接客販売業

・作業内容：販売業務（接客、品出し業務）

・実習目的：接客業に興味があり、マッチする仕事なのかを実際に体験する。

・実習目標：
　①上司からの指示内容について理解の焦点がズレないようメモを活用し、落ち着いて行動できるよう準備しておく。
　②心身の自己管理（ストレスコントロール）を仕事の中でできるようにする。
　③優先順位を意識した行動を心がける。

【本人の感想】
・職場の方から指示をいただく際は必ず言葉だけではなく実際に見せていただいたり、図に表して説明してくださるなどの配慮をいただいたことで、困ることなく作業することができました。
・メモを活用することで、前職では見られた業務の抜けがなくなったことも、ミスなく業務ができた理由の一つであると感じました。
・２つ以上の指示は、前の作業が終わり次第にしていただけたため、とても作業がしやすかったです。
・前職の事務とは違い、職員がそれぞれの担当エリアで仕事をしているため、監視されているイメージがなく、働きやすいなと感じました。
・お客様第一と意識することで、理不尽なお客様に対してもイライラすることなく気持ちを切り替えて業務を行うことができました。

【企業からの評価】
・人当たりがよく、他のスタッフとコミュニケーションがとれていました。
・積極的に相談や質問をしてくれ、就労意欲が見受けられました。
・間違った部分についてもすぐに修正ができていました。
・声出しの大事さを伝えたら、常に意識して取り組んでくれました。
・メモをしっかりとってくれていたので、頼まれた仕事はきちんと行

うことができていました。

・苛立ちが表情に出やすいとのことでしたが、この実習期間中はそういった場面は見られずとてもよい印象がありました。作業が慣れてきたときに感情の部分がどう出るのかが気になりました。

4．就職活動の経過

　A販売店から、体験実習終了後に就職の打診があり、本人としても挑戦したいという気持ちが強くあったので、次は雇用前実習という形で1か月の長期間での実習へと進みました。

　勤務時間、作業内容は変わらず、1か月の実習の後、正式に採用に至りました。

【就職前の準備】

　◎関係機関との情報共有

　　・就業・生活支援センター：就職後の生活面の自立や、ストレス対処法など本人からの相談がある場合は対応し、適宜助言を行う旨をケース会議で共有しました。

　　・障害者職業センター：本人より、ジョブコーチ支援はまだ必要ないとの希望があったため、必要となった際はすぐに情報共有ができるよう、就職前に事前打合せを実施し、本人、企業にジョブコーチ支援についての説明や、水島さんについての情報共有を行いました。

■就職後の様子

　就職して現在約1年半が経過し、定着支援事業による月1回以上の面談と企業訪問を実施してフォローを継続しています。

　当法人で訓練を行い、自己理解を深め就職されましたが、いくつかの問題点が出始めているのが現状です。以下に問題点が出始めている要因

を記します。

【時間の経過とともに生じる課題（双方）】

▶本人の業務への慣れ

　就職して1年経過した時点で、「できる」経験を続けていくことの自信からか、メモを怠るようになってしまい、業務の抜けが出てしまう場面が（就職して半年を過ぎるあたりから）見受けられるようになりました。メモをとらない、見返さないことで、当法人利用時にもあった業務の抜けや忘れ、報告を怠るなどの場面が再度出始めました。また、一通り仕事の流れを覚えたことで、指示された業務を行っている最中に目についた優先順位の低い仕事（商品をきれいに並べるなど）が気になってしまい手を出してしまうことで、結果として頼まれた仕事が終わらず時間がかかってしまう様子も見受けられます。

▶企業の対応の変化

　当初、業務の指示出しは図で示したり、実際に行って見せたりすることでスムーズな業務開始が可能となっていました。しかし、時間の経過とともに、一度行った業務から派生する業務内容は口頭指示のみであったり、ざっくりとポイントのみを伝えるような指示出しの方法に変化していきました。高次脳機能障害の方は臨機応変さや応用動作が極端に苦手であるため、一度似たような業務を行っていたとしても過去の経験を活かして作業することが難しいのが特徴です。そのため、企業側としては「前回似た業務をお願いしているから大丈夫だろう」からと、指示出しが抽象的になることで、途端にスムーズな業務の開始が難しくなり、指示をもらっている段階で質問攻めにしてしまったり、ミスが出てしまう、スピードが極端に遅くなってしまうといった状況が出始めてしまいました。

　また、できなかったことに対する指摘・助言はきちんとしてもらえるが、逆に、できていることについては本人には報告しないということも一つの問題となっています。日本人特有のことかもしれませんが、

できていることはどんなことで、できていない部分はどんなことなのかをしっかりと認識できていない場合、水島さんとしては「叱られてばかりいる」という気持ちが強くなり、上司の何気ない会話も自分のことを言われているのではないかと敏感にキャッチしてしまいます。その結果、業務に支障をきたす場面が見受けられました。

　これらのことから、企業・本人双方でお互いに対する不満が生じており、本人は苛立ちの感情が顔に出やすいため、さらに企業側に悪い印象を与えてしまう状況となっています。

　訓練場面で自己理解や課題に対する対策をしっかりと整理しても、時間の経過とともに、怠りや職場の理解（慣れ）によって課題が再表出する可能性は十分に考えられます。水島さんの場合、現在、定期面談、企業訪問の際に、本人のできていること、課題となっていること、今後の仕事の取組み方について整理を行っています。また、企業側には高次脳機能障害の特性の理解促進と配慮点の再確認を行っていただくため、情報共有を図っている状況です。

【支援のポイント】
　水島さんが就職後、１年半が経過した段階で課題が表面化した背景の一つとして、定期的なケース会議を行わなかったことが考えられます。高次脳機能障害の方の特徴として、特に感情面の問題は、就職してすぐに出てくる問題ではなく、３〜６か月後に出てくる傾向があります。就職してすぐは「きちんと行わないと」という意識がありますが、業務内容や環境への慣れによって問題が出やすくなります。それは決して自信過剰になったというわけではありません。
　時間をおいて徐々に出てくる問題にいち早く気づいて対処することが、本人と企業との間に溝ができないためにも重要となってくるのです。そのため、当法人では就職後は少なくとも１か月に１回の本人・

企業・支援者を交えたケース会議を行うことを大切にしています。ケース会議を行い、本人と企業側との気持ちの共有を図ること、もしズレが生じていた場合はその場で確認し合い、溝を埋めていくことが必要となります。支援者はケース会議の中で、後々問題となりそうなサインをキャッチし、未然に問題を防ぐよう対応を検討していきます。

　今回の水島さんの場合は、就職して1～3か月の間、定期的なケース会議を開催していましたが、その段階で徐々に開催頻度を少なくしてしまったことで、本人と企業側との気持ちのズレが溝を深くしてしまい、お互いに不満を持ってしまったことが反省点として挙げられます。今回の結果を踏まえ、今後月1回のケース会議を再開させ、お互いの気持ちの共有の場を作り、本人、企業双方が安定した就労を実現するための支援を継続していきたいと考えています。

【事例紹介　④ ハローワーク・障害者職業センターとの連携支援のケース】

■概　要

　三岡さん（仮名）、40代、男性。大学卒業後、システム管理の仕事に従事していましたが脳出血を発症し、残念ながら復職が叶わず退職となりました。

　脳血管障害の後遺症として、身体障害（左上下肢の麻痺）に加え、高次脳機能障害（記憶障害・注意障害・遂行機能障・半側空間無視・失読失書など）があり、作業系・事務系の業務共に大きく影響を受けていました。

■当法人利用までの経緯・経過

　退院後、デイケア、就労継続B型事業所を経て、一般就労を目指し当法人の利用を開始しました。

■当法人での取組み

1．訓練の様子

①施設内訓練…学習（集計作業、封書仕分けなど）、事務補助（書類整理、電話対応など）、パソコン（Word、Excel、データ入力など）

　訓練では「身体障害」と「高次脳機能障害」のそれぞれの特性の整理と代償手段の獲得に向けた取組みを行いました。特に指示の受け方、見直しの仕方については、試行錯誤しながら補助具の活用も含めて訓練担当とも共有しながら進めました。

　本人の認識以上に報告・連絡・相談が苦手であることもわかり、ミスしたあとの対処（言い訳に聞こえる発言など）も改善できるようアプローチしました。

②グループワーク…毎週水曜日の午前中（9:40～12:00）

　まずは「高次脳機能障害」の知識を増やし、自身の障害特性がどこからくるものか知っていただきました。その上で、就職後に予想される課題に対する代償手段を考え、訓練で実践していきました。

　それに加えて、スタッフとしてはグループで話をすることで、自分以外の考え方を知ること、集団に合わせていく力をつけること、テーマに沿った発言ができることを目指しました。

③定期面談…週1回程度

　面談では、「自分に合った仕事」について訓練結果をグラフ化して整理したり、訓練記録をもとに「病前の自分と今の自分」「理想と現実」の違いを知っていただけるようアプローチすることを心がけました。

　自分に対する指摘や助言を含め、スタッフや他の利用者の気になる言動があると、「自分のことをよく思っていない」とネガティブ思考になり、他罰的発言が多くなる傾向がありました。また、

障害特性から、一度そうした思考になると修正が難しく、ソフトスキル面での課題も浮き彫りとなりました。

２．職場実習の様子［株式会社Ａ（介護事業の運営）］

【実習概要】

・期間（時間）：２週間（9:00 ～ 15:00）
・作業内容：事務補助（Word・Excel を使用した文書作成、データ入力など）

【本人の感想】

　パソコンを使った業務経験ができ、訓練で取り組んだ数値入力などを実務として行えたことは有意義でした。

　疲労（精神的疲労・脳疲労）についても自分が思っていた以上だと感じました。

【職場の評価】

　正確性とスピードの不足に加え、何かを作り出す仕事は難しいですが、勤勉でやり遂げる力があり、コツコツと取り組める地道な作業が合っていると思います。

【スタッフの所感】

　今回の実習では事前に「パソコンのスキル、作業スピード共に企業レベルに到達できているかどうか」という視点で、客観的評価を依頼しました。それに対し、企業担当者からは「実習継続が難しいと判断した場合は、実習を中断する可能性がある」との話をいただいての開始となりました。

　結果として、本人にとっては常にプレッシャーを感じながらの業務となったことから、企業担当者の関わりが少ないと「自分に対する評

価が悪いのではないか」と不安になり、それがストレスとなり体調不良として表れました。自信のなさに加え、思い込みの強さなどから、現状を正しく理解するためには第三者が間に入る必要性を感じました。また、自主的な相談ができずに抱え込んでしまうことで、精神的ストレスが身体症状にも表れることがわかり、それが脳疲労や不注意を増大させることがわかりました。

【結果】

　現状では、指摘された「正確性」「スピード」「安定したパフォーマンス」「何かを考える力」については、理想の状態まで到達することは難しいということを共有しました。

　今後は強みを活かして、「今の自分の力でできる仕事」を目指し、待遇面よりも「自分に合っている業務（コツコツと取り組める業務)」かどうかという視点を大切にして、就職活動を進めることにしました。

３．就職活動の経過

①希望条件の整理

　フルタイム、事務補助業務、サポート体制があること、ジョブコーチ支援の利用を条件とし、これまで希望していた企業規模や給料、正社員といった部分については、ブランクもあり今の能力的には、それらにこだわり続けるのは妥当ではないとの結論になりました。

②関係機関との情報共有

　◎ハローワーク

　チーム支援を活用した求職活動を中心に実施し、月１～２回の窓口相談の中で、求職条件整理や非公開求人も含めた企業情報の共有、応募書類の確認などを行いました。

　◎障害者職業センター

　訓練や実習の結果から、就職後も「作業支援」「対人関係」で

のサポートが必要であると考え、職業相談・職業評価を依頼しました。また、スムーズな支援提供が可能となるよう求職活動状況を共有し、密な相談を心がけました。

③訓練での準備

応募書類（履歴書・職務経歴書）の準備、自己紹介シート（「私の障害について」）の作成、面接対策（Ｑ＆Ａの作成、面接演習）を行いました。

④企業見学の同行

事務系の職場で見学可能なところには積極的に出向き、求められる事務スキルや職場で可能な配慮などを確認し、現実社会を知っていただけるようサポートしました。また、スタッフからは、本人を知っていただくための企業実習の提案などを積極的に行いました。

しかし予想していた通り、２つの障害（身体障害と高次脳機能障害）から「可能業務」をイメージしてもらえない企業もありました。そのため、事務補助で想定される業務ごとに写真を撮り、代償手段の活用などの説明書きを加えた資料を作成し、「障害があっても工夫をすることで働ける」ことをアピールしました。

結果としては、複数の企業で見学を行いましたが、見た目ではわかりにくい障害である高次脳機能障害について、ほとんどの企業が「説明を受けただけではわからない」という回答が多く、改めて正しく理解してもらうことの難しさを痛感しました。また、一見障害を感じさせない社交性の高さからも、過大評価をいただくこともあり、採用後に「見た目とできることのギャップ」と、他の障害と比較したときの「積み上がりの緩やかさ」に双方が苦しむことが懸念されました。

⑤採用面接への同行

ハローワーク主催の障害者就職面接会への参加に加え、ほか４社に応募し、そのうち１社からトライアル雇用での採用をいただきま

した。

　実際の面接場面では、職歴や資格が注目され、受け答えがスムーズなこともあって即戦力として考えられている様子が見られました。もちろん障害特性やジョブコーチ支援の必要性なども伝えましたが、面接の場でどの程度理解してもらえたのか、正直なところ不安が残りました。しかし、採用後も支援者の介入が可能だということで、トライアル雇用制度を活用しながら企業の方と一緒に調整していければと考え、チャレンジすることにしました。

４．就職後の様子

　株式会社Ｂ社（電気設備関係事業）でのトライアル雇用。

【概要】

・勤務時間：8:30 〜 17:00（休憩：60分）
・業務内容：事務補助（データ入力など）
・支援体制：就労面…当法人、障害者職業センター、ハローワーク
　　　　　　　生活面…居宅介護支援事業所
　　　　　　　医療面…病院

【支援ポイント】

　①障害特性の理解と配慮

　改めて業務を通して、本人に合った指示の出し方、マニュアルの作り方、思考の特徴などを伝え、場面ごとに説明と対応方法の提案を加えています。

　②マニュアル作成

　月次業務など、繰り返し行うものについては統一したフォーマットを作成し、そこに手順、注意事項、納期、指示者などを記入できるようにしました。

可能な限り本人が作成できるよう、慣れるまでは、新しい業務が入る際はタイミングを合わせてジョブコーチの方にサポートしていただいています。

③定期面談

　勘違いや思い込みからネガティブ思考になるため、早めの修正が必要であり、直属の上司に週1回の定期面談を依頼しました。具体的には、「できていること、もう少し頑張ってほしいこと」を伝えていただき、「気になっていること、困っていること」などを本人から聞きとることをお願いしました。別日に当事業所スタッフが訪問し、課長面談の報告を聞き、必要な対応をとることにしています。

④役割分担でのサポート体制
・障害者職業センター…作業支援、企業サポート（主に業務管理）
・当法人…本人面談、企業サポート（主に対人面、メンタル面）
・ハローワーク…企業サポート（雇用管理）

5．現在の様子

　月1回のケース会議（企業、障害者職業センター、ハローワーク、当法人が参加）を開き、現状の把握と課題の確認を行っています。

　トライアル雇用開始から2か月が経過し、この間の振り返りとして訓練場面でも見られた「相談・報告・質問」の少なさ、「自己判断（より効率のよい方法を試行）で作業を進めてしまう」ことへの指摘がありましたので、それらへの対策を話し合いました。

　その際に、支援機関とハローワークから、「本人としてはトライアル雇用ということで、3か月で成果を出さなければいけないという大きなプレッシャーの中で、慣れない業務に従事していること」、いずれも「よかれと思ってとった行動」であったことは企業担当者にもご理解いただきたい旨を伝え、本人の頑張りは認めていただけました。ただ、それら

が空回りしてしまっている状況は改善が必要であったため、改めて、今の時点でできていること、残っている課題、そして次月の目標（マニュアル通りシンプルに行う）ことを皆が共有し、再度役割分担を確認し合い、3か月目をスタートさせています。

　身体障害を併せ持つ高次脳機能障害者にとっては、周囲も本人も目に見える障害に対する理解や配慮のほうが先行してしまうことがよくあります。しかし、身体障害への配慮は比較的イメージしやすい一方で、高次脳機能障害については、障害の種類や程度も個々に違い、また、環境や指示者が変わればその出方も変化するため難しさがあります。

　今回は事前実習などの受け入れが難しかったため、トライアル雇用を通じて企業の方々にも高次脳機能障害を正しく理解していただき、職場環境や実際の業務を通じて、双方が無理なく一緒に働く仲間として長く働き続けられるような環境づくりを、他機関とも引き続き連携しながら行っていきます。

著者略歴

林 哲也（第1章）

　合同会社ライムライト 代表。東京タワーヴュークリニック麻布十番 院長。現在、自律神経失調、渡航医療、精神科（さいとうクリニック）の外来診療を担当し、合同会社ライムライトではヒューマン・コンサルティングサービス（産業医、メンタルヘルス・発達障害相談、グリーフカウンセリング、医療通訳・翻訳等）を提供している。日本薬科大学客員教授兼任。著書：『発達障害のある方と働くための教科書』（日本法令）等。信州大学医学部卒。

小野寺 敦志（第2章）

　国際医療福祉大学心理学科・同大学院臨床心理学、准教授。公認心理師。臨床心理士。日本大学大学院修了（人間科学）。特別養護老人ホーム生活指導員、大学病院臨床心理技術職、認知症介護研究・研修東京センター研究企画主幹を経て、2009年4月より現職。同年より社会活動としてNPO法人若年認知症サポートセンター理事。著書：『介護現場のストレスマネジメント』（編著、第一法規）、『公認心理師の基礎と実践㉓関係行政論』（分担執筆、遠見書房）等。

宮永 和夫（コラム）

　昭和50年3月 群馬大学医学部卒業。群馬大学保健管理センター助教授、群馬県精神保健福祉センター所長、南魚沼市立ゆきぐに大和病院院長を経て、平成22年4月より南魚沼市病院事業管理者、現在に至る。専門は、老年精神医学、若年認知症、高次脳機能障害、大人の発達障害。日本老年精神医学会評議員。著書：『高次脳機能障害ハンドブック』（日総研出版）、『ピック病とその仲間たち』（新興医学出版）等。

石井 京子 （第 3 章、第 4 章）

　一般社団法人日本雇用環境整備機構 理事長。上智大学外国語学部卒業。通信会社を経て、障害のある方の人材紹介事業に創設期より参加。障害者雇用に関するコンサルティングサービスを数多くの企業に提供。（株）Ａ・ヒューマンで発達障害のある方のキャリア相談に対応。障害のある方の就労に関する講演や執筆にも積極的に取り組む。著書：『発達障害の人の就活ノート』、『発達障害の人の面接・採用マニュアル』（以上共著、弘文堂）、『発達障害のある方と働くための教科書』（日本法令）等。

池嶋 貫二 （第 5 章）

　セットパワード・アソシエイツ 代表、一般社団法人日本雇用環境整備機構 理事。Sler 企業を経て、特例子会社・人材サービス企業にて障害者の人材紹介、採用、事業管理に従事。2012 年、2013 年に兵庫県障害者雇用促進アドバイザーを務める。現在は企業向け障害者採用支援サービスの提供、障害者雇用促進・がん疾病啓発活動の講師を担う。著書：『発達障害の人の就活ノート』、『発達障害の人の面接・採用マニュアル』（以上共著、弘文堂）、『発達障害のある方と働くための教科書』（日本法令）等。

小川 慶幸 （コラム）

　ジョブサポートパワー株式会社（マンパワーグループ特例子会社）代表取締役。2 級キャリア・コンサルティング技能士、国家資格キャリアコンサルタント、GCDF キャリアカウンセラー。日本大学商学部卒業。1993 年に人材サービス大手のマンパワーグループに入社。人材派遣、人材紹介、マーケティングの各部門にて本部長を歴任後、2008 年にジョブサポートパワー（株）に出向し、障害者の雇用と就労支援ならびに企業の障害者雇用支援を行う。2015 年 10 月より現職。

濱田 和秀 （第 6 章）

　特定非営利活動法人クロスジョブ代表理事。日本福祉大学卒業後、大阪府障害者福祉事業団に入職、知的障害のある方々の入所施設にて児童・成人の生活支援、就労支援、地域移行支援に取り組む。2010 年 NPO 法人を立ち上げ、大阪堺市に就労移行支援事業のみに取り組むクロスジョブを開設、現在全国 7 か所を運営。発達障害・高次脳機能障害等、脳機能に障害のある方々の一般就労支援を軸に取り組んでいる。

高次脳機能障害のある方と
働くための教科書　　　　　令和2年5月1日　初版発行

〒101-0032
東京都千代田区岩本町1丁目2番19号
https://www.horei.co.jp/

検印省略

著者　石井京子
　　　池嶋貫二
　　　林　哲也
　　　小野寺敦志
　　　濱田和秀
　　　宮永和夫
　　　小川慶幸
発行者　青木健次
編集者　岩倉春光
印刷所　神谷印刷
製本所　国宝社

（営業）　TEL　03-6858-6967　　Eメール　syuppan@horei.co.jp
（通販）　TEL　03-6858-6966　　Eメール　book.order@horei.co.jp
（編集）　FAX　03-6858-6957　　Eメール　tankoubon@horei.co.jp

（バーチャルショップ）　https://www.horei.co.jp/iec/
（お詫びと訂正）　https://www.horei.co.jp/book/owabi.shtml
（書籍の追加情報）　https://www.horei.co.jp/book/osirasebook.shtml

※万一、本書の内容に誤記等が判明した場合には、上記「お詫びと訂正」に最新情報を掲載
しております。ホームページに掲載されていない内容につきましては、FAXまたはEメー
ルで編集までお問合せください。